늬들이 군산을 알아?

늬들이
군산을

알아?

김병윤 저

PROLOGUE

군산,
이야기 시작에 앞서

발행사

　지역사회는 대한민국을 지탱하는 근간입니다. 전 세계를 강타한 코로나 19의 해악은 국내외 여러 분야에 부정적 기류를 더하고 있습니다. 반면 이런 시기는 오랜 시간 잊히고 소외됐던 여러 지역사회를 돌아볼 수 있는 계기를 만들고 있어 그나마 위안을 줍니다.

　이런 점에서 <늬들이 서울을 알아>의 맥을 이어 출간되는 <늬들이 군산을 알아>는 시사하는 바가 큽니다. 지역사회의 다양한 쟁점을 조망해 각기 다른 미래의 청사진을 그리는 일이야말로 포스트 코로나 시대를 대비하는 우리에게 꼭 필요한 일이기 때문입니다.

　'늬들이알아 시리즈'는 그런 의도에서 기획된 시대의 산물입니다. 이 책은 군산의 과거와 현재뿐만 아니라 미래를 이야기합니다.

　작가는 군산이 여러모로 아픔의 도시라고 말합니다. 그런 역사의 상처는 흔적이 돼 아직도 도시를 관통하고 있습니다. 하지만 작가는 미래를 향해 나아가는 군산에 주목하고 있습니다. 그동안 변방처럼 보였던 군산시가 어떤 청사진을 가지고 미래로 향하는지를 말하고 있습니다.

　이번 <늬들이 군산을 알아>의 발간은 지역의 여러 학예사와 군산시민의 다양한 도움이 있어 가능했습니다.

　인터넷의 발달로 많은 정보가 넘쳐나는 시대이지만, 활자로 기록된

서적이 갖는 가치는 예나 지금이나 말로 설명하기 어렵습니다. 그런 점에서 이 책의 발간은 여러모로 큰 의미가 있습니다.

　처음 초고를 넘겨받고 한줄 한줄 읽어 내려갈 때마다 군산시민이 겪은 아픔의 역사에 가슴이 먹먹했습니다. 작은 것 하나라도 놓치지 않으려 밤잠을 설쳤을 작가의 노고에 미안한 맘마저 들었습니다. 하지만 원고를 다 읽고 나선 '서해안시대'에 우뚝 설 군산을 상상할 수 있어서 좋았습니다.

　끝으로 함께 해주신 모든 분께 지면을 통해 감사의 마음을 전합니다. 시리즈를 기획해 주신 임종호 편집인님과 집필해 주신 김병윤 대기자님에게도 감사의 마음을 전합니다.

　행간에 숨겨진 작가의 작은 의도마저도 독자에게 온전히 전달되길 기도하겠습니다.

2021년 3월 1일
발행인 김지영
㈜감미사 대표이사

| PROLOGUE | 발행사 | 8 |

CHAPTER 1
첫번째 이야기

수탈의 역사를 간직한 아픔의 도시 군산	16
민족혼을 지우려 했던 동국사	18
수탈의 관문 군산세관	24
수탈의 통로 군산내항	28
신흥동 일본식 가옥	33
문화재 수탈의 현장 발산리(구) 일본인 농장창고	35
국내 최초의 포장도로 전군가도	39
사상 초유의 농민저항운동 옥구농민항쟁	42
수탈의 근거지 나가사키18은행 군산지점	44
한국은행을 강탈한 조선은행	48
미즈카페, 장미공연장	50
장미갤러리	52

CHAPTER 2
두번째 이야기

왕들도 사랑한 군산의 섬	54
가장 아름다운 섬 어청도	56
옛 흔적이 남아있는 무녀도	59
가족과 함께 떠나기 좋은 신시도	62
사진 촬영의 명소 장자도	66
석양이 아름다운 선유도	70

CHAPTER 3
세번째 이야기

근현대의 역사를 간직한 군산의 명소	74
추억을 되살리는 경암동 철길	76
군산의 상징 은파호수공원	78
군산의 새 명물거리 짬뽕특화거리	81

	항일정신의 본산 군산 3·1운동 100주년 기념관	84
	복합건축 양식의 독특한 구조 이영춘 가옥	85
	추억을 되살리는 초원사진관	88
	질곡의 현장 아메리카타운	90
	옛 모습을 간직한 임피역	92
	이국적 분위기 근대역사체험공간(여미랑)	95
	역사체험의 현장 근대역사박물관	97

CHAPTER 4
네번째 이야기

코로나시대를 대비하는 문화예술관광의 도시 군산 100
문화예술인이 찾는 창작의 도시 군산 102

CHAPTER 5
다섯번째 이야기

산해진미가 풍부한 군산의 음식 106
수제맥주의 성지를 꿈꾸는 군산 수제보리맥주 108
줄 서지 않고 먹을 수 있는 군산 보리짬뽕라면 112
종류도 다양한 생선탕 114
실향민이 즐겨먹던 군산냉면 117
임금상에 오르던 울외짱아찌 120
서해안의 특산물 박대 122
창업주의 자비심이 담긴 이성당 단팥빵 124
맛 좋고 역사도 긴 짬뽕 126

CHAPTER 6
여섯번째 이야기

값싸고 맛있는 군산의 맛집 130
만 원의 행복을 느낄 수 있는 홍집 132
싼값으로 한우갈비를 맛볼 수 있는 뽀빠이갈비 134
엄마의 손맛, 맛있는 우리지빱 137
화교가 운영하는 3대명소 홍영장·빈해원·국제반점 140

CHAPTER 7	옛정이 살아있는 군산의 전통시장	**144**
일곱번째 이야기	군산 최초의 전통시장 군산공설시장	146
	한우 맛이 일품인 대야시장	148
	일제의 아픔이 서린 명산시장	150
	군산 최초의 수산물시장 수산물종합센터	152

CHAPTER 8	불굴의 투혼 군산의 스포츠	**156**
여덟번째 이야기	역전의 명수 군산상고 야구부	158
	재기를 꿈꾸는 군산야구의 현주소	162
	채금석 옹의 혼이 살아있는 군산의 축구	163
	저변확대에 힘쓰는 군산 축구의 현실	166
	국위선양에 힘쓴 군산의 체육인들	167

CHAPTER 9	대한민국에 우뚝 선 군산의 인물	**170**
아홉번째 이야기	한국의 슈바이처 이영춘 박사	172
	축구만 사랑한 채금석	175
	친일을 속죄한 채만식	177
	국민에게 웃음을 주는 대중예술인	178

CHAPTER 10	낮아서 정감이 가는 군산의 산	**182**
열번째 이야기	군산의 상징 월명산	184
	고사리가 많은 망해산	186
	레저스포츠의 명소 오성산	188
	고군산군도를 내려다보는 대각산	190
	호수를 둘러싼 청암산	192

CHAPTER 11 **열한번째 이야기**	**삶을 닮은 군산의 구불길**	**196**
	구불1길, 비단강길	198
	구불2길, 햇빛길	200
	2-1길 테마길, 미소길	202
	구불3길, 큰들길	204
	구불4길 · 전북천리길, 구슬뫼길	206
	구불5길, 물빛길	208
	구불6길, 달밝음길	210
	구불6-1길 · 전북천리길, 탁류길	212
	구불7길, 신시도길	214
	구불8길 · 전북천리길, 고군산길	218
EPILOGUE	**군산, 이야기를 끝맺으며**	
	글을 마치며	222
	'늬들이 군산을 알아' 발간에 도움 주신 분	224

1

CHAPTER

군산,
첫번째 이야기

수탈의 역사를 간직한
아픔의 도시 군산

아프다. 아파도 너무 아프다. 가슴이 시리도록 아프다.
군산(群山)에 발을 내디디면 아픔이 와 닿는다.
일본식 가옥을 보면 가슴이 미어진다.
옛 정취가 낭만으로 느껴지지 않는다. 조상의 아픔이 가슴을 후벼 판다.
악독한 일본인의 억압을 어찌 지내왔을까. 얼마나 시달렸을까.
얼마나 배가 고팠을까. 얼마나 추위에 떨었을까.
나라 잃은 설움을 어찌 견뎌냈을까.
죄스러운 마음마저 든다.

군산 근대 건축관

자연스레 고개를 숙이게 된다.
치욕스러운 역사를 되새기게 한다.
우리의 풍요로운 삶을 뒤돌아보게 한다.
미래를 준비하게 한다.

군산은 조선의 '피'이자 '심장'이었다.
지붕 없는 박물관이다.
군산은 그런 도시다.

미곡취인소 (자료제공 : 군산시)

축항기념 기념사 (자료제공 : 군산시)

민족혼을 지우려 했던
동국사

동국사(東國寺)는 국내 유일의 일본식 사찰이다. 군산에는 7개의 일본 사찰이 있었다. 지금은 '동국사'만 남아있다. 일제 수탈의 현장이다. 일제는 악랄하게 수탈을 했다. 기름진 쌀을 빼앗아 갔다. 풍성한 물고기를 착취해 갔다. 일제가 필요한 물건은 모조리 쓸어갔다. 창씨개명(創氏改名)을 시켰다. 신사참배(神社參拜)도 강요했다. 마지막 뺏고 싶은 것이 있었다. 우리의 정신을 뺏으려 했다. 혼을 말살시키려 했다. 쉽지 않았다. 우리 민족의 저항이 심했다. 그들은 방법을 찾았다. 종교를 통한 침투였다.

동국사는 일제가 시도한 식민사관(植民史觀)의 유물이다. 종교를 통해 식민사관을 심으려 했다. 일본 '조동종(曹洞宗·불교 선종의 한 파)'이 세웠다. 1909년 조동종 승려들이 군산에 '금강선사'라는 포교소를 세웠다. 일본 승려 '우치다'가 주도했다. 1913년 현재의 자리로 이전했다. 조선총독부의 인정을 받아 '금강사'라 불렀다. 군산 거주 일본인의 기도장소였다. 한국인 부녀자도 다녔다. 특히 기생이 많이 찾았다. 동국사는 여성이 좋아하는 '관음사상(觀音思想)*'으로 번성했다. 관음사상은 한국의 민속신앙인 삼신할머니와 비슷하다. 자손을 잘 낳고 번성하게 해달라는 기도처였다.

* '관음사상(觀音思想)' 평민을 대상으로 한 가르침. 현재의 삶이 힘들더라도 포기하지 않고 자신의 길을 꿋꿋이 가면 끝내 극락왕생한다는 사상이다.

동국사 대웅전

사찰에는 일제의 잔재가 아직도 남아있다. 절 마당에 범종이 있다. 조그마한 범종이다. 무심코 스쳐 가면 안 된다. 단순한 종이 아니다. 일본 천황을 칭송하는 문구가 적혀있다. 그 내용이 섬뜩하다. "황(皇)의 은덕이 영원히 미치게 하니 국가의 이익과 백성의 복이 일본이나 조선이나 굳건히 될 것이다." 느낌이 어떠한가. 소름이 돋는다. 일제의 집요한 내선일체(內鮮一體)정책을 알 수 있다. 묻고 싶다. 어느 누가 범종에 적힌 내용에 관심을 두고 있는지. 범종은 잘 보존해야 한다. 역사적

일왕의 내선일체 문귀가 적혀있는 범종

증거로 남겨야 한다. 후손에게 일제의 야욕을 일깨워 줄 중요한 자료다. 절대 잊지 말아야 한다. 아픔의 역사를 잊지 마라. 언젠가 또 경술국치(國權被奪)의 수모를 당할 수도 있다.

동국사는 1970년에 이르러 현재의 이름으로 재탄생했다. 당시 주지였던 남곡(南谷) 스님이 지었다. '해동(海東) 대한민국의 절'이라는 뜻을 담고 있다. 경내에는 일제의 만행을 알리는 조각물이 있다. 참사문비(懺謝文碑)와 소녀상이다. 참사문비는 1992년 조동종 종단에서 보내왔다. 일제의 만행에 사죄한다는 내용이 담겨있다. 동국사 참사문비는 큰 의미를 담고 있다. 일본 정부는 아직도 식민지배에 대해 사과를 하지 않고 있다. 이런 상황에서 종교단체가 사죄의 글을 보냈다. 의미가 크다. 일본 정치인들이 보러오면 좋겠다.

소녀상은 2015년에 세워졌다. 민간인의 성금으로 건립됐다. 일본 스님도 힘을 보탰다. 일본 운상사 주지 '이치노헤' 스님이 제막식에 참석했다. 성금 1,000만 원을

동국사 소녀상

기탁했다. 일본 내 양심 있는 사람들이 모은 성금이었다. 이 소녀상에는 안타까운 사연이 있다. 동상 제작 후 세울 장소가 없었다. 근대역사박물관, 조선은행 뒤, 구 경찰서 자리, 바닷가 등 여러 장소가 물망에 올랐다. 당시 시에서 난색을 보였다. 관에서 부지를 선정하는 데 부담을 느낀 듯하다.

이런 소식에 전(前) 주지인 종걸(宗杰) 스님이 발 벗고 나섰다. 동국사에 세우라고. 그분들의 영혼을 위로해 주겠노라고. 방황하던 소녀상은 그렇게 동국사에 자리 잡았다. 인생은 새옹지마라 하지 않는가. 소녀상도 그렇다. 기도도량 동국사에서 영혼의 안식처를 찾았으니 말이다. 그것도 참사문비 앞에 자리 잡았다. 조금은 위로가 된다.

아쉬움이 남는다. 꽃같이 아름다운 나이에 짓밟힌 육체. 피폐해진 영혼. 환영받지 못한 귀향. 어떻게 보상해야 하나. 그들의 잘못도 아닌데. 힘없던 조선의 잘못인데. 죽어서도 설 자리가 없다면. 구천을 떠도는 영혼마저 쉴 자리가 없다면. 가해

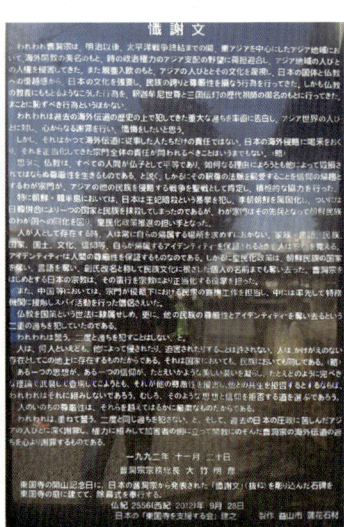

동국사 참사문비

자 일본인마저 속죄의 글을 보냈는데. 가슴이 먹먹해진다. 늦게나마 다행이다. 우리는 반성해야 한다. 그리고 떳떳해져야 한다. 동국사에 가면 고개를 숙여라. 아픔을 숨기고 있는 소녀상 앞에.

동국사는 우리에게 교훈을 준다. 혼을 잃어버린 민족에게 미래가 없다는 것을.

참사문비(懺謝文碑)

우리 조동종은 메이지유신 이후 태평양 전쟁 패전에 이르기까지 동아시아를 아시아 전역에서 해외 포교라는 미명 하에
당시의 정치 권력이 자행한 아시아 지배 야욕에 가담하거나 영합하여 수많은 아시아인의 인권을 침해해 왔다.
또한 탈아입구(脫亞入歐)를 내세워 아시아인과 그들의 문화를 멸시하였으며 일본 국체와 불교에 대한 우월의식에서
일본문화를 강요하여 민족적 자긍심과 존엄성을 훼손하는 행위를 해 왔다.
게다가 불교적 교의에도 어긋나는 이런 행동들을 석가모니 세존과 삼국전등(三國傳燈)의 역대 조사(祖師)의
이름을 빌려 행해 왔던 것이다. 참으로 부끄러운 행위라 말하지 않을 수 없다.
우리는 과거 해외 포교의 역사 속에서 범했던 중대한 과실을 솔직하게 고백하면서 아시아인에게 진심으로 참회하며
사죄하고자 한다. 그러나 이는 과거 해외 포교에 종사했던 사람만의 책임은 아니다.
일본의 해외 침략에 박수갈채를 보내고 그것을 정당화했던 종문 전체가 책임을 져야 할 문제인 것이다. (중략)
생각해 보면, 불교에서는 모든 인간이 불자로서 평등해야 하고, 어떤 이유에서도 다른 사람에게 훼손되어서는 안 될
존엄성을 지닌 존재라 말한다. 그런데도 석가모니 세존의 법맥 잇는 것을 신앙의 목표로 삼는 우리 종문은
여러 아시아 민족 침략의 전쟁에 대해 상스러운 전쟁이라 긍정하고 이에 적극적으로 협력했다.
특히 한반도에서 일본은 명성황후 시해라는 폭거를 범했으며 조선을 종속시키려 했고
결국 한국을 강점함으로써 하나의 국가와 민족을 말살해 버렸는데,
우리 종문은 그 첨병이 되어 한민족의 일본 동화를 획책하고 황민화 정책을 추진하는 담당자가 되었다.
사람이 사람으로 존재할 때, 사람은 반드시 자신이 귀속할 곳을 찾기 마련이다.
가족, 언어, 민족, 국가, 국토, 문화, 신앙 등으로 자신의 정체성을 보장받았을 때, 비로소 사람은 안식을 얻는다.
정체성 보존은 사람의 존엄성을 보장하는 것이기 때문이다. 그렇지만 황민화 정책은 한민족의 국가와 언어를 빼앗았으며
창씨개명이라 칭하여 민족문화에 기반을 둔 개인의 이름까지도 빼앗아버렸다.
조동종을 비롯한 일본의 종교는 종교의 이름으로 그러한 만행을 정당화하는 역할을 맡았다.
또한, 중국 등지에서는 종문이 침략 하에 놓인 민중에 대한 선무공작을 담당했으며
그중에는 자진해서 특무기관에 접촉, 첩보 활동을 행한 승려조차 있었다.
불법을 국가 정책이라는 세속적 법률에 예속시키고,
나아가 타민족의 존엄성과 정체성을 침탈하는 두 가지 잘못을 함께 범한 것이다.
우리는 맹세한다. 두 번 다시 잘못을 범하지 않겠다고.
사람은 누구든지 다른 사람에게 침범을 당하거나 박해를 받아서는 안 된다.
사람은 누구도 대신 할 수 없는 존재로서 이 세상에 존재하기 때문이다.
이는 국가든 민족이든 마찬가지이다 (중략)
설령 제아무리 아름다운 장식을 하더라도, 또 제아무리 완벽한 이론으로 무장해 나타나더라도 어떤 하나의 사상
혹은 신앙이 다른 존재의 존엄성을 침해하거나 다른 존재와의 공생을 거부한다면 우리는 함께 가지 않을 것이다.
오히려 그러한 사상과 신앙을 거부하는 길을 택할 것이다.
인간 생명의 존엄성은 사상이나 신앙을 초월해 훨씬 엄숙한 것이기 때문이다.
우리는 다시 한번 맹세한다. 두 번 다시 같은 잘못을 저지르지 않겠다고.
그리고 과거 일본의 억압 때문에 고통을 받은 아시아인에게 깊이 사죄하면서 권력에 편승하여 가해자 관점에서 포교했던
조동종 해외 전도의 과오를 진심으로 사죄하는 바이다.

1992년 11월 20일
조동종 종무총장 大竹明彦

한글번역: 군산대학교 일본어학과 교수 표세만

동국사의 개산 기념일에 일본 조동종에서 발표된 참사문(발췌)을 조각한 비석을
동국사의 정원에 세우고 제막식을 봉행한다.
불기 2556(서기2012)년 9월 28일 일본의 '동국사를 지원하는 모임' 건립

동국사 참사문비에 적힌 내용

수탈의 관문
군산세관

'군산세관(群山稅關)'은 수탈의 관문이었다. 아픔의 장소다. 이곳의 업무는 3가지로 구분됐다. 항만 유지관리, 외국산 수입품에 대한 부과징수. 수탈한 물건의 반출이었다. 세관 근무자는 대부분 일본인이었다. 일본인이 '한일강제병합' 전부터 광복 때까지 세관장을 맡았다. 군산세관의 중요성이 느껴지는 대목이다.

일제 수탈의 핵심은 쌀이었다. 반출은 주로 군산세관에서 이뤄졌다. 호남평야에서 생산한 질 좋은 쌀은 대부분 일본 관서지방으로 보내졌다. 당시 수탈당한 쌀의 규모는 상상을 불허한다. 1933년 당시 국내 쌀 생산량은 1,630만 석이었다. 이해에만 국내생산량의 절반이 넘는 870만 석이 일본으로 흘러갔다. 이 가운데 군산세관을 통해서만 228

군산세관 본관

만 석이 빠져나갔다. 이는 당시 국내 쌀 총생산량의 14%에 이르렀다. 전체 수탈당한 쌀의 26%나 되는 어마어마한 양이었다.

우리 국민은 식량부족으로 고통 받았다. 먹을 쌀이 없었다. 주린 배는 만주에서 수입한 조와 수수로 달랬다. 조와 수수는 신석기시대에나 먹던 식량이다. 이마저도 못 먹을 때가 있었다. 급기야는 잡초인 '피'를 먹었다. 피는 벼 옆에 자라는 잡초다. "피죽도 못 먹었냐."는 말이 그 뜻이다.

노동력 착취도 심했다. 월급은 쥐꼬리만큼 줬다. 부두 노동자는 중노동에 시달렸다. 일제는 선적과 하역 작업을 거칠게 몰아붙였다. 쌀 2가마(160kg)를 어깨에 짊어져야 했다. 심할 때는 3가마도 지어야 했다. 힘이 모자라 쓰러지는 일이 많았다.

일제시대 군산세관 조형

노동자는 분노했다. 파업이 자주 발생했다. 일본인은 근본적 해결책을 내놓지 않았다. 이 때문에 파업은 악순환했다.

일본에서는 공산품과 소비재가 주로 들어왔다. 관세는 어김없이 부과됐다. 화학비료 수입이 많았다. 우리 농민에게 비싼 값으로 공급했다. 쌀 증산을 위한 일제의 책략이었다. 일제는 '산미증식계획'을 세웠다. 쌀 증식을 위해 밭을 논으로 바꿨다. 부족한 지력은 화학비료로 보충했다. 일제는 한국의 비옥한 옥토마저 산성화시켰다.

군산세관 본관은 국내 3대 '서양고전주의' 건축물로 인정받는다. 서울역, 한국은행 본점 건물과 함께. 군산세관은 현재 '호남관세박물관'으로 운영되고 있다.

수탈의 통로
군산내항

군산항 뱃고동 소리는 조선인의 절규였다. 저항의 소리였다. 일제는 군산항에 대규모로 투자를 했다. 수탈한 물품을 빨리 수송하기 위해. 모두 4차례에 걸쳐 '축항 사업'을 펼쳤다. 1905년부터 1938년까지였다. 목적은 오직 한 가지. 쌀을 실어 가기 위해서다.

중요 시점은 3차 사업이다. 1926년에서 1933년까지 이뤄졌다. 쌀 수탈이 극에 달하던 시점이었다. 3천 톤급 선박 3척이 동시에 접안할 수 있었다. 당시로는 대규모 시설이었다.

최신 공법을 사용했다. 이른바 '뜬다리 부두(부잔교) 건설'이다. 뜬다리 부두는 6·25 때 폭파됐다. 1953년에 복구됐다.

뜬다리 부두는 수면 높이에 따라 다리가 위아래로 자유롭게 움직이는 방식이다. 네모진 모양의 배를 연결해 띄웠다. 육상 연결부가 조수간만의 차이에 따라 회전할 수 있도록 만들었다. 육지에서 선박을 연결하는 통로 역할을 했다.

수탈한 쌀은 뜬다리를 통해 일본 선박에 실려 나갔다. 그 모습을 본 농민의 심정은 어땠을까. 가슴을 때리며 통곡했으리라. 어쩌면 수탈당한 쌀도 눈물을 흘렸으리라. 쌀눈이 떨어지도록 몸을 뒹굴었을 게다. 엄마 잃어버린 아이처럼. 시집가는 어린 새색시같이.

일제는 뜬다리 부두 건설을 위해 자연마저 파괴했다. 군산항 주변에 있는 산을 허물었다. 돌을 공급하기 위해서다. 수덕산, 동령산 등 돌산이 사라졌다. 흔적조차 없어졌다. 바다와 조화를 이루던 군산시민의 휴식처가 사라졌다.

군산내항 뜬다리

군산항 뜬다리 부두

일제는 1926년 '3차축항사업' 기공식 때 대규모 축하행사를 했다. '사이토 총리' 방문에 맞춰서다. 축하행사를 기념하기 위해 쌀 탑이 세워졌다. 높이가 12m에 달했다. 쌀가마 800개가 들어간 엄청난 크기였다. 농민의 피와 땀을 착취해 쌓은 전시물이었다. 탑을 쌓는데도 우리 국민을 동원했다.

일제는 쌀가마니 짜는데도 우리의 노동력을 착취했다. 수탈한 쌀을 가져가기 위해서다. 농사짓기에도 힘든 현실이었다. 낮에는 농사짓고 밤에는 가마니를 짜야 하는 참담한 현실이었다.

일제의 야욕은 여기서 멈추지 않았다. 1936년에 '4차축항사업'을 시작했다. 1938년까지 2년간 공사를 했다. 이 공사로 3천 톤급 선박 6척이 동시에 접안할 수 있었다. 대형 뜬다리 3기도 추가로 건설했다. 총 6기지만 지금은 3기만 남아있다. 이 모두가 '태평양전쟁'에 군수물자 공급을 위해 만들었다.

군산항은 1899년 개항했다. 군산항을 바라볼 때 우리는 느껴야 한다. 지금이 개항 시대보다 더 심각한 위기의 시간이란 걸. 120년 전 격동의 시기보다 더 큰 어려움이 닥쳐온다는 걸. '코로나19'라는 질병이 창궐했다. 주변의 강대국들은 한반도를 또다시 세력다툼의 장으로 만들고 있다. 조선말기와 같이 외세침략의 조짐마저 보인다. 국제사회는 냉정하다. 영원한 벗도 없고 적도 없다. 스스로 힘을 키워 대비할 수밖에 없다. 정신 바짝 차려야 한다.

광복 후 우리의 어르신들은 경고했다. "미국 놈 믿지 마라. 소련 놈에게 속지 마라. 일본 놈 일어난다." 현실이 그렇게 가는 듯하다. 어르신들의 말씀에 경각심을 갖게 된다. 두려워할 필요는 없다. 자각하면 된다. 준비하면 된다.

군산항은 우리에게 교훈을 준다. 치욕스러운 역사를 썰물처럼 흘려보내서는 안 된다고. 밀물처럼 몰려오는 열강의 다툼에 대비해야 한다고.

히로쓰 가옥

신흥동 일본식 가옥

'신흥동 일본식 가옥'은 일제강점기 생활상을 알려준다. 일본인의 부(富)를 볼 수 있다. 일제강점기에 일본인은 평지에 살았다. 시내 중심가에 살았음을 보여준다. 당시 신흥동은 부자들이 거주했다. 자신들만의 부촌(富村)을 형성했다. 우리 국민은 시 외곽으로 빠져나가 비탈진 곳에 살았다. 일본인은 조선인을 하인으로 뒀다. 집안의 허드렛일을 시켰다. 온갖 핍박을 주면서. 우리 선조들은 수탈의 아픔과 함께 하인 생활의 고통도 겪어야 했다. 일제의 수탈은 물품에서만 그치지 않았다.

신흥동 일본식 가옥은 특징이 있다. 온돌이 깔려 있다. 온돌은 일본식 가옥에 어울리지 않는다. 일본인은 다다미에서 생활한다. 온돌문화가 없기 때문이다. 신흥동 일본식 가옥에는 왜 온돌이 깔렸을까. 의문이 든다. 짐작은 간다. 한반도의 추위에 적응하려 하지 않았을까. 우리 주거문화의 우수성을 배웠을 것이다. 약삭빠른 일본인의 속성을 엿볼 수 있다. 군산에는 170여 채의 일본식 가옥이 있다. 대체로 옛 모습을 간직한 채 잘 보존되고 있다. 약간의 변형은 어쩔 수 없는 일이다.

신흥동 일본식 가옥은 일본인 '히로쓰 기치 사브로'가 1935년에 건축했다. '히로쓰 가옥'이라 불렀다. 히로쓰 기치 사브로는 농장주, 미곡무역상을 경영한 재력가였다. 이 건물은 일본식 목조 2층 구조다. 정원이 멋스럽게 꾸며져 있다. 전통 일본식 건물이다. 원래 모습을 대부분 보존하고 있다. 영화 '장군의 아들' 촬영지로 유명세를 탔다. 군산에 가면 꼭 들려야 할 관광명소. 1956년 호남제분 이용구 사장이 매입해 거주했다. 2017년엔 군산시가 사들여 '국가등록문화재'로 지정했다. 관람료 없이 누구나 볼 수 있다. 다만 실내에는 들어갈 수 없다.

명심할 것이 있다. 해방과 동시에 자국으로 돌아간 일본인은 47만 명에 달한다. 일본인은 이 땅에서 부와 명예를 누리며 살았다. 호화로운 생활을 했다. 그들이 소유했던 땅이 아직도 호남지방에 산재해 있다. 코로나19 발생 전에 일본인이 군산에 자주 들렀다. 단체 관광객이 아니다. 2~3명씩 소규모로 왔다 갔다. 말없이 김제평야의 넓은 땅을 보고 돌아갔다. 그들은 누구일까. 과거 일본 농장주의 후손일 거라는 얘기가 있다. 그들이 무슨 생각을 하고 돌아갔을까. 섬뜩하지 아니한가. 긴장해야 하지 않겠는가. 정원의 아름다움에만 빠지지 마라. 선조들이 당했던 수탈의 아픔을 되새겨라.

발산석탑정원 전경

문화재 수탈의 현장
발산리 (구) 일본인 농장창고

문화재 수탈의 현장이다.
값어치 있게 보존해야 한다. 문화재 수탈에 집착한 일본인의 모습을 볼 수 있다.
악랄한 일본인. 누구일까. '시마타니 야소야'다.
군산, 익산 등지에 140여만 평 땅을 가진 농장주였다. 우리 농민에게 땅을 빌려주고 소작료를 받았다. 1933년 재해로 흉년이 들었다. 농민들은 소작료를 내기 힘들었다. 시마타니는 아랑곳하지 않았다. 풍년 때와 똑같이 소작료를 거뒀다. 농민의 원성은 하늘을 찔렀다. 시마타니는 말 그대로 악랄한 일본인이었다.

시마타니는 문화재 수집광이었다. 자신의 농장에 36점의 석조물 문화재를 갖다 놨다. 각 농장에 분산시켰다. 석조물은 야외에 두었다. 매입을 빙자한 문화재 수탈이었다. 우리의 귀한 문화재를 보관하기 위해 금고를 지었다. 땅문서와 현금도 보관했다. 금고 규모가 대단했다. 지하 1층 지상 2층 건물이다. 외벽 사방은 콘크리트로 요새처럼 지었다. 교도소같이 쇠창살도 설치했다. 현재의 발산초등학교 뒤편에 있다.

그의 문화재 수집은 광적이었다. 석등, 석탑, 망주석, 도자기 등 가릴 것이 없었다. '발산리 석등과 5층 석탑' 등 중요 문화재를 불법으로 수집했다. 발산리 5층 석탑과 석등은 보물로 지정돼 있다. 시마타니는 수탈한 문화재를 지키려고 안간힘을 쏟았다. 집념이 대단했다. 시마타니가(家) 후손들을 한국인으로 귀화시켰다. 그들의 소유권을 주장하기 위해서다. 우리문화재에 집착한 시마타니의 꿈은 끝내 이뤄지지 않았다. 일본의 패전과 함께 물거품이 됐다. 미군정이 일본인 재산 반출을 막았다. 미군정은 귀국하는 일본인에게 엄명을 내렸다. 1인당 1,000엔 이상 반출금지. 보따리 2개로 제한했다. 시마타니는 수많은 재산을 놓고 가야만 했다. 손가방 2개만 들고 황급히 떠났다.

그토록 집착했던 한국의 문화재를 놓고 발길을 재촉했다. 부산항에서 귀국선을 탔다. 일본으로 돌아갔다. 넘실대는 파도에 서러움의 눈물을 뿌리며. 하늘이 그에게 내린 벌이었다. 인과응보의 당연한 결과였다. 시마타니는 뉘우쳤을까. 자신의 악행을. 자신의 재산이 한국인의 피와 땀을 쥐어짜 이뤄졌다는 것을. 아마도 못 느꼈으리라. 단지 남겨놓은 재산에 분통을 터뜨렸을 듯하다.

시마타니의 광활한 토지와 문화재는 국가에 귀속됐다. 일본으로 반출될 문화재가 우리 땅에 남게 됐다. 금고에 있던 문화재는 '국립중앙박물관'으로 이관했다. 석조물은 발산초등학교 뒤편에 모았다. 전라북도가 2001년 정비작업을 했다. 석등, 석탑 등을 한자리에 모았다. 석탑은 원래부터 지금의 자리에 있었다.

시마타니의 금고

석조물을 발산초등학교에 모은 사연이 있다. 광복 후 학교를 세우려니 적당한 부지가 없었다. 고민 끝에 생각한 곳이 일본인 소유의 농장이었다. 저택과 사무실, 창고, 벼 건조장이 갖춰진 곳을 찾았다. 시마타니의 농장이다.

현재의 발산초등학교 자리다. 1947년 '개정초등학교' 분교로 설립됐다. 1984년 발산국민학교로 승격됐다. 벼 건조장이 현재의 운동장이다. 창고 자리에는 교실이 들어섰다. 현재 금고 옆에 시마타니 저택이 있었다. 시마타니는 약탈한 보물을 정원의 조형물로 사용했다. 전라북도는 시마타니의 욕심이 담긴 자리에 다른 문화재를 함께 모았다. 교육의 장으로 활용하고 있다.

시마타니의 삶을 보며 교훈을 얻는다. 욕심은 화를 부른다. 집착은 어리석은 자의 소유물이라는 것을.

번영로(옛 전군가도)

국내 최초의 포장도로
전군가도

'전군가도(全群街道)'는 우리나라 최초의 포장도로다. 사람을 위한 도로가 아니었다. 쌀을 운송하기 위한 도로였다. 일제의 쌀 수탈은 호남평야에서도 예외가 아니었다. 일제는 쌀 수탈을 위한 묘책을 짜냈다. 근대화의 미명 아래 도로 건설에 나섰다. 전주와 군산, 광주와 목포, 대구와 경주, 평양과 진남포 등 4곳에 도로를 건설했다. 폭 6~7m의 도로였다. 당시에는 꽤 넓은 도로였다. 공통점이 있다. 모두 수탈을 위해 만들어졌다.

'전군가도'는 호남평야의 쌀을 군산항으로 운송하기 위해 건설했다. 전주와 군산

사이 46.4km, 폭 7m의 도로였다. 1907년에 건설해 1908년에 개통했다. 전군가도에도 선조들의 아픔이 있다. 도로 가운데는 일본인이 다녔다. 승합차 인력거를 타고 지나갔다. 우마차도 다녔다. 한국인은 가장자리로 다녔다.

건설비용도 대한제국에 부담시켰다. 자신들의 수탈을 위해 겁박을 했다. 저물어가는 대한제국은 저항할 힘이 없었다. 전군가도는 현재 '번영로'로 불리고 있다. 4차선으로 확장돼 산업도로 역할을 하고 있다. 교통량도 매우 많다. 도로 양편에는 화사한 벚나무가 관광객을 반긴다. 봄에는 행락객의 발길이 줄을 잇는다.

번영로를 달릴 때 꼭 되새겨야 할 일이 있다. 이 길이 절대 아름답지만은 않다는 것을. 일제강점기 우리 농민의 피가 녹아있고 노동자의 땀이 스며있다는 것을 가슴에 담아야 한다. 다시는 치욕스러운 역사를 되풀이하면 안 된다고 결의를 다져야 한다.

1926년 축항 기공 기념 (사진=군산시 제공)

사상 초유의 농민저항운동
옥구농민항쟁

옥구농민항쟁(沃溝農民抗爭)은 사상 초유의 농민 저항운동이다.

1927년 옥구에서 일어났다. 임피(臨陂)의 이엽사 농장에서 발생했다.

일제는 악랄하게 쌀을 수탈했다. 비싼 이자로 농민에게 돈을 빌려줬다. 땅을 담보로 잡았다. 이자 내기가 버거웠다. 고리대금업으로 농민의 땅을 빼앗았다. 땅을 뺏긴 농민은 소작농으로 전락했다.

일본인 지주는 어김없이 높은 소작료를 챙겼다. 소작료는 쌀 등 곡물이었다. 날이 갈수록 심해졌다. 소작료를 터무니없이 높여 나갔다. 수확한 곡물의 75%까지 요구했다. 농민에게는 생존이 걸린 문제였다. 소작료를 내고 나면 먹고살 방법이 없었다. 비싼 비료값도 내기 힘들었다. 농민은 40~50%로 내려줄 것을 요구했다. 일본인 지주는 거절했다. 농민은 소작료 납부를 거부했다. 일본 경찰은 농민회 간부를 감금했다.

500여 농민은 분개했다. 힘을 합쳐 일어섰다. 노동자, 학생들도 합류했다. 징과 꽹과리를 두드리며 주재소를 습격했다. 주재소를 완전히 부숴 버렸다. 일본인 경찰도 때려 눕혔다. 농민회 간부들도 구출했다. 일본 경찰은 이런 농

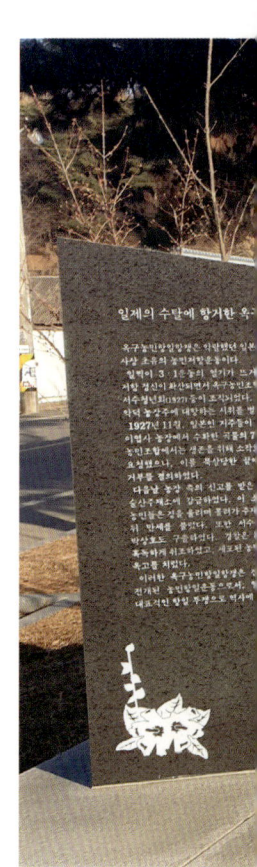

옥구농민항일항쟁

민항쟁에 비상이 걸렸다. 더 심한 억압정책을 펼쳤다. 계엄 상태에 준할 정도로 우리 국민을 체포했다. 농민 조합원 80여 명이 체포돼 고초를 겪었다. 조합의 간부는 재판에 넘겨졌다. 일제는 뻔뻔하게도 이들에게 유죄 판결을 내렸다.

옥구농민항쟁은 단지 소작료에 대한 저항이 아니었다. 민족의 자존심을 내건 민중 행동이었다. 독립을 위한 씨앗이었다.

수탈의 근거지
나가사키18은행 군산지점

일제강점기 수탈의 근거지였다. 상업과 무역금융, 대부업을 주로 했다. 당시 우리 쌀을 일본으로 반출하는 데 주요 역할을 했다. 토지강매에 깊숙이 관여했다. '나가사키18은행'은 일본인에게 돈을 대줬다. 아주 싼 이자로 돈을 빌려줬다. 일본인은 이 돈으로 조선인에게 다시 돈을 꿔줬다. 아주 비싼 이자로. 악질 고리대금업을 했다. 조건도 있었다. 토지를 담보로 요구했다. 주로 농촌 지역이었다. 원금상환을

군산근대미술관

못 하면 땅을 빼앗았다. 그리고는 우리 국민을 소작농으로 전락시켰다. 억울하지만 방법이 없었다. 우리 국민이 소유한 땅은 점차 줄어들었다. 일본인은 이렇게 농장을 확장해 나갔다. 농장에서 생산한 쌀은 일본으로 실려 나갔다. 일제의 치밀한 계산이 숨어있었다. 속과 겉이 다른 일본인의 모습을 엿볼 수 있다.

18은행은 쌀 수탈을 위한 터전이었다. 본점은 일본 나가사키에 있었다. 일본의 18번째 국립은행으로 설립됐다. 18은행은 1890년 인천에 지점을 개설했다. 국내 최초의 18은행 지점이다. 한국에 총 9개의 지점을 세웠다. 군산18은행은 1907년 7번째 지점으로 문을 열었다. 18은행 군산지점 건물은 폐쇄적인 외관으로 지어졌다. 부분적으로 인조석을 사용해 장식했다. 일제강점기 초반에 지어진 은행 건축물의 특징을 잘 보여주고 있다.

지금은 근대미술관으로 개관해 사용되고 있다. 기증된 미술 작품과 지역 작가의 전시 공간으로 활용되고 있다.

근대미술관 내부

한국은행을 강탈한
조선은행

일제가 강탈한 은행이다.

일제강점기에 우리나라와 대륙의 경제 수탈을 위해 세운 '중앙은행'이다. 1909년 옛 대한제국 시절에 세워진 '한국은행'이 모태다.

일제는 1911년 한국은행을 빼앗았다. '조선은행법'을 만들었다. 명칭도 '조선은행'으로 바뀌었다. 조선총독부 직영은행으로 운영했다. 화폐도 총독부 직영 공장에서 발행했다. 1910년 국권침탈 이후에 벌어진 일이다.

조선은행은 국내에 10개의 지점과 출장소를 열었다. 일제는 대륙침략을 본격화하면서 해외 지점도 늘려나갔다. 일본, 중국, 미국, 등에도 진출했다. 일제의 침략을 뒷받침하기 위해서다. 조선은행은 일제의 대외침략을 충실히 뒷받침했다. 전형적인 제국주의 금융기관으로 활동했다.

해방 이후 조선은행은 우리 정부가 접수했다. 정부는 1950년 '한국은행법'을 제정했다. 한국은행이 정식 출범했다. 한국은행이 현재까지 중앙은행 역할을 맡고 있다. 조선은행 건물은 복원돼 근대건축관으로 탈바꿈했다. 근대건축 모형 및 은행 관련 자료 등의 전시장으로 활용되고 있다.

군산근대건축관(구 조선은행)

근대건축관 내부 모습

미즈카페, 장미공연장

'미즈카페'는 미즈상사로 불리었다. 1930년대에 건립되었다. 무역회사 건물로 사용됐다. 군산항이 가까운 미즈카페 자리에는 상업시설이 많았다. 1910년부터 1945년까지 쌀 수탈의 거점으로 사용됐다. 일본인은 이 거리에 사무실을 차렸다. 대부분이 무역회사였다. 수탈한 쌀과 물품들의 수출이 주를 이뤘다. 그들만의 정보교환이 이뤄졌다.

현재 건물은 1930년대 무역회사 흔적을 갖고 있다. 지금은 카페테리아. 근대문화 소통공간으로 사용되고 있다. 2층은 다다미방으로 구성됐다. 다리를 편히 뻗을 수 있는 공간으로 구성돼 있다.

'장미공연장'은 옛 대한통운 창고였다. 아픔을 간직한 건물이다. 장미(藏米)는 '쌀을 보관 한다'는 뜻이다. 1930년대에 쌀을 보관했던 장소다. 수탈한 쌀을 보관했던 근대건축물이다. '조선미곡창고주식회사'에서 관리했다. 당시 쌀 수탈의 아픔을 고스란히 간직하고 있다. 지붕이 매우 높다. 쌀을 보관하기 위해서다. 현재는 공연장과 전시장으로 활용되고 있다. 77석의 다목적 소극장이다.

미즈카페 전경

장미공연장

장미갤러리

'적산가옥(敵産家屋)'이다. 적산가옥은 적의 재산을 의미한다. 일본인은 패망과 함께 모든 재산을 한국에 남겨놓고 떠났다. 남겨진 재산은 주인이 없었다. 미군정은 일본인의 재산을 일반인에게 불하(拂下)했다. 그때 불하하지 못한 재산이 남았다. 이승만 정부가 1949년 12월 '귀속재산처리법'을 제정해 일본인 재산을 합법적으로 소유하게 됐다. 국가의 소유가 된 것이다. 동시에 '귀속재산 또는 적산가옥'이라 불렀다.

이승만 정부는 미군정 때 다하지 못한 일본인의 재산을 불하했다.

'장미갤러리'는 해방 이후 위락시설로 사용했다. 현재 1층은 문화예술 체험 교육장으로 활용하고 있다. 2층은 갤러리로 조성했다. 지역 문화예술인이 창작공간으로 쓰고 있다.

2
CHAPTER

군산,
두번째 이야기

왕들도 사랑한
군산의 섬

그 섬에 가고 싶다. 왕들이 반한 섬이다. 신선의 섬이다. 어디일까. 군산의 섬이다. 군산의 섬은 포근하다. 엄마의 젖가슴처럼. 군산의 섬은 넉넉하다. 아버지의 넓은 어깨같이. 군산의 섬은 평온하다. 초원을 뛰노는 양 떼처럼.

군산의 섬은 볼 것이 많다. 석양이 비춰주는 노을빛 바다. 바지락 캐는 여인의 뒷모습. 몽돌해변을 걷는 연인의 입맞춤. 모두가 한 폭의 수채화다. 자연과 삶의 진솔한 모습이다. 잔잔한 파도 소리는 엄마의 자장가 같다. 섬마을 앞바다는 모두를 감싸준다. 남녀노소 빈부의 차이도 없다. 환한 웃음을 지으며 두 팔 벌리고 서 있다. 삶에 지친 사람들이여 어서 내게 오라고.

군산의 섬은 삶의 치유제다. 활력소다. 떠오르는 태양보다 지는 석양이 장엄하다. 일출과 일몰의 의미가 다르다. 똑같은 붉은색이 아니다.

그 뜻을 느끼고 싶은가. 어서 짐을 챙겨 떠나라. 석양이 아름다운 군산의 섬으로. 그리고 느껴라. 석양이 알려주는 삶의 의미를.

선유도 일몰전경 (사진=임동준 제공)

가장 아름다운 섬
어청도

어청도(於靑島)는 가장 아름다운 섬이다. 늘 푸른 섬이다. 섬이 작고 아담하다. 섬 투어에 최고의 장소다. 하루만 머물면 섬의 속살을 모두 볼 수 있다. 뱃길로 들어가야 한다. 육지와 72km 떨어져 있다. 가기 힘든 만큼 보람을 느낄 것이다. 지금은 쾌속선이 달린다. 1시간 30분이면 갈 수 있다. 예전에는 족히 4시간이 걸리는 먼 거리였다. 멀미약을 먹고 가야만 했다. 흑산도와 함께 서해안의 유명한 '피항지'다. 풍랑을 만난 선원에겐 안식처이다. 선원들만 쉬는 장소가 아니다. 고래가 새끼를 낳을 때 들리는 섬이다. '어청도'는 베푸는 섬이다. 어려움에 부닥친 만물에 안식처를 제공한다.

아픈 사연도 있다. 예전에는 여인들의 인신매매가 활개를 쳤다. 여성 인권이 무참히 짓밟혔다. 어청도만의 사연은 아니다. 다른 섬에서도 그런 일이 많았다. 우리 시대의 아픈 자화상이다.

어청도에는 등대가 있다. 정말 아름다운 예술품이다. 등록문화재로 보존하고 있다. 산꼭대기에 우뚝 서 있다. 산을 넘어 험한 길을 가야만 한다. 등대지기를 위해 지은 관사(官舍)는 절경이다. 등대 불빛은 12초마다 한 번씩 돌아간다. 어둠 속에 안녕의 빛을 비추고 있다.

아름다운 만큼 쓰라린 사연도 있다. 일제강점기에 세워졌다. 어청도는 일제가 중국을 경계하기 위해 사용했던 섬이다. 일제의 수탈은 아름다운 섬에도 마수를 뻗쳤다.

어청도에는 봉수대가 있었다. 지금은 터만 남았다. 현재도 해군이 주둔하고 있다. 국방의 전략적 요충지로 그 역할을 크게 하고 있다.

어청도 전경과 석양지는 등대 (사진=김중규 근대역사박물관장 제공)

어청도는 물고기의 보고다. 우럭의 놀이터다. 해변에서 낚싯대를 던져보라. 낚시하는 것이 아니다. 고기가 낚싯대를 찾아온다. 미끼를 찾아 경쟁하듯 달려온다. 씨알 굵은 우럭이 연이어 나온다. 고기를 건져 올리다 힘들면 말하라. "우럭아, 이제 안녕."

어청도의 별미도 입맛을 다시게 한다. 우럭찜은 섬 주민이 즐겨 찾는 최고의 음식이다. 양념장으로 몸치장을 한 찜 맛은 오묘하다. 회, 매운탕과는 다른 맛이다. 자연산 전복은 최상급 식재료로 대접받고 있다. 꼬들꼬들한 식감. 참깨 같은 고소함. 여행객의 지친 발길을 멈추게 한다. 삶아 먹는 '섭치'도 별미다. 맛의 신세계를 열어준다. 바다 향기를 품은 부드러운 살이 혀를 녹인다. 섭치는 손바닥 크기의 자연산 홍합을 말한다. 현지에서만 맛볼 수 있는 귀한 음식이다.

어청도는 먹거리가 풍부하다. 자연산 생선을 쉽게 맛볼 수 있다. 값도 싸다. 식당도 많다. 맛집을 찾으려 발품을 팔 필요가 없다. 발길 닿는 데로 가면 된다. 모든 식당이 별미를 제공한다.

배가 부른가. 해변에 앉아 쉬어가라. 말동무도 필요 없다. 바다와 산을 품은 자연이 친구가 돼준다. 가장 아름다운 섬 어청도를 향해 발길을 재촉해 보라. 행복을 느낄 것이다.

어청도 (사진=김중규 근대역사박물관장 제공)

옛 흔적이 남아있는
무녀도

'무녀도(巫女島)'에는 과거와 현재가 공존한다. 옛 생활 흔적을 볼 수 있다. 넓은 염전이 있었다. 지금은 폐염전 일부만 남아있다. 나머지는 갈대 습지로 조성됐다. 소금이 귀하던 시절 염전은 부를 일궈냈다. 무녀도에 돈이 돌도록 했다. 염전을 두고 이권 다툼이 심했다. 전국에서 몰려든 폭력집단이 집단 난투극까지 벌렸다. 지금은 추억 속의 옛이야기가 됐다.

'모감주나무(Goldenrain tree)' 군락지도 있다. 무녀1구에 있다. 훼손이 많이 돼

무녀도 모감주나무(사진=박정훈 연구원 제공)

지금은 몇 그루만 남아있다. 주민은 말한다. 기후변화로 나무가 죽어간다고. 안타까운 일이다. 모감주나무는 염주나무라고도 한다. 염주를 만들 때 사용하기 때문이다. 7월에 피는 노란 꽃은 화사하다. 바다를 배경으로 피는 꽃은 환상이다. 사진 촬영지로도 사랑을 받은 이유다.

과거는 흘려보내자. 아직도 둘러볼 곳이 많다. 미지의 장소도 있다. 무녀1구에 '엄바위'가 있다. 마을 앞에 있다. 예전에는 주민들이 더위를 피해 놀던 장소다. 고래 입처럼 벌린 큰 바위가 그늘을 제공해준다. 물이 빠지면 넓은 바위가 모습을 드러낸다. 동네 사람들의 사랑방이 된다. 시원한 바닷바람이 온몸을 감싸준다. 갓 잡아 올린 생선은 매운탕 재료가 된다. 입은 뜨겁고 몸은 시원하다. 한여름 더위를 날리는데 제격이다. 엄바위는 먹고 쉴 수 있는 휴식처다. 물이 빠질 때만 들어갈 수 있다. '똥섬'에는 해안 산책길이 형성됐다. 데크가 만들어져 걷기에 적합하다. 트래킹 코스로 주목받고 있다. 걷다 보면 다정한 소리가 들린다. 바닷바람이 손님을 반긴다. 도심의 혼탁함을 말끔히 씻고 가라고. 하찮은 잡념은 떨쳐버리라고. 똥섬의 매력에 빠졌다 가라고 말을 건넨다.

'쥐똥섬'도 눈길을 끈다. 관광명소다. 바닷물이 빠졌을 때 길이 생긴다. 마을 해변에서 섬까지 걸어갈 수 있다. 여유롭게 길을 걸어봐라. 바지락조개들이 수줍게 모습을 드러낸다. 예쁘다고 줍지 마라. 주민의 생활 밑천이다. 주민은 바지락조개로 많은 수입을 올린다. 4월 중순부터 7월까지 바지락을 캔다. 평균수입이 1,500만 원에 달한다. 불과 4개월도 안 돼 버는 돈이다. 사람들은 말한다. 무녀도는 부자 섬이라고. 속내를 들여다보니 이해가 된다.
무녀도의 바지락조개는 자연산이다. 전국 최고 품질로 대접받고 있다. 다른 지역 조개와 다른 점이 있다. 껍데기 색깔이 검다. 질 좋은 갯벌에 살아서 그렇다. 채취

무녀도 엄바위 (사진=박정훈 연구원 제공)

와 동시에 품절이다. 전량 일본으로 수출한다. 군산시민도 못 먹는다. 운이 좋으면 맛볼 수 있다. 주민과 직거래를 통해서만 가능하다.

무녀도에는 '자동차캠핑장'이 조성돼 있다. 주말에는 예약마저 어렵다. 무녀도는 대규모 관광단지로 탈바꿈할 전망이다. 해양레포츠 단지가 들어설 계획이다. 이 계획이 실현되면 섬은 어떤 모습일까. 바다와 섬과 산이 어우러진 천혜의 휴양지가 될 것이다. 한편으론 조용한 섬 무녀도의 변화가 아쉬울 법도 하다.

가족과 함께 떠나기 좋은
신시도

전설의 섬이다. 무슨 전설일까. 신라 때 얘기다. 최치원 선생의 이야기다. 이야기는 '신시도(新侍島)'의 상징 '대각산'과 연결된다. 최치원이 대각산에 올라 글을 읽었다. 그 목소리가 중국까지 들렸다고 전해진다. 최치원의 유명세를 알 수 있다. 지금은 최치원을 기리던 신당 터만 조금 남아있다. 미신타파라고 헐어버렸다. 사학자들은 말한다. 최치원의 실존자료가 사라졌다고. 아쉽다. 우리는 왜 역사적 유물을 지키지 못할까. 자책감이 든다.

신시도갯벌 독살 (사진=박정훈 연구원 제공)

신시도는 가족과 함께 찾으면 좋다. 어촌체험하기 딱 좋은 곳이다. 가족의 소중함을 일깨워 준다. '개매기 체험'을 즐겨보라. 개매기 체험이 무엇인가. 바다에 그물을 쳐놓고 맨손으로 고기를 잡는 체험이다. 밀물 때 들어온 고기가 썰물 때 갇히게 된다. 손으로 줍기만 하면 된다. 예로부터 내려온 전통 어업방식이다. 5월에서 10월까지 운영한다.

갯벌 체험도 흥미롭다. 신시도의 갯벌은 청정지역이다. 바지락 천국이다. 신시도의 바지락은 모양부터 다르다. 다른 지역 바지락보다 월등히 크다. 속이 가득 차고 알이 굵다. 무녀도의 바지락처럼 검은색이다. 질이 워낙 좋아 찾는 사람이 많다.

특히 일본에서 찾는다. 국내에서는 먹기가 어렵다. 갯벌 체험을 하면 귀한 바지락을 가져갈 수 있다. 1인당 2kg 안에서. 가족과 웃다 보면 금방 한가득 바구니를 채울 수 있다. 3월에서 11월까지 즐길 수 있다.
지금은 거의 사라진 '독살체험'도 할 수 있다. 독살은 개매기와 비슷한 어업방식이다. 그물대신 돌을 이용하는 차이점이다. 돌을 V자로 쌓아 놓는다. 썰물 때 빠져나가지 못한 고기가 독살 안에 남는다. 맨손으로 잡으면 된다. 조상의 지혜를 배울 수 있다. 자녀 교육에도 도움이 된다.

숨겨진 섬 신시도는 이제 변화를 꿈꾼다. 관광객 유치에 적극적으로 나서고 있다. 특산물을 이용한 먹거리 개발에 나섰다. 이 섬에서는 김을 양식한다. 바지락과 함께 지역 특산물로 자리 잡았다. 도시에서 먹기 힘든 물김을 맛볼 수 있다. 물김과 바지락을 이용한 음식이 호응을 받고 있다. 바지락을 이용한 신시도 파스타. 물김 동동 수제비. 다른 지역에서 느낄 수 없는 맛을 제공한다.
선상낚시도 체험상품으로 인기다. 신시도는 고군산군도(古群山群島) 섬 가운데 물이 가장 풍부하다. '깊은금'이라는 바다 여울이 있다. 아직도 지명이 그대로 남아 있다. 여울이 무엇인가. 물의 흐름이 작은 급경사를 이루는 것이다. 급경사를 이루다 보니 수심이 깊다. 신시도의 갯벌에는 바다 여울이 많다. 여러 갈래 물길이 있어 수량을 유지해 준다. 다른 지역 갯벌보다 물을 많이 담고 있다.
당연히 어족이 많고 다양하다. 가족과 함께 낚싯대를 던져보라. 풍성한 수확의 기쁨을 누릴 게다. 3월부터 11월까지 즐길 수 있다.

볼거리도 많다. 숨겨진 절경이 있다. '하트동굴'이 있다. 동굴 모습이 하트 모양이다. 입구에서 사진을 찍으면 사랑이 깊어진다. '선유팔경(仙遊八景)' 가운데 하나인 월영단풍. 자갈이 숲을 이루는 몽돌해수욕장. 자연이 준 선물이다. '월영봉'의

하트동굴 (사진=박정훈 연구원 제공)

단풍은 한 폭의 산수화다. 신시도 앞바다에서 바라보라. 불계(佛界)인가 선계(仙界)인가. 감탄이 절로 난다.

석양이 질 때 걷는 몽돌해수욕장. 황혼의 노부부가 거닐 만하다. 지나온 삶의 자취가 떠오를 게다. 힘들었던 삶. 즐거웠던 순간. 주마등처럼 스쳐 가리라. 붉게 타오르는 석양을 보라. 회한의 눈물도 흐르리라. 고맙고 미안해서 두 손을 꼭 잡게 된다. 남은 인생 석양빛보다 더 뜨겁게 살자고 다짐하며.

젊은 연인들은 또 다른 느낌이 들게 된다. 자갈과 부딪치는 파도 소리. 연인의 밀어와 같다. 자신들의 사랑 얘기처럼 다가온다. 다정한 눈빛으로 손가락 걸며 맹세하게 된다. 석양의 붉은 빛보다 더 뜨겁게 사랑하자고.

가족의 소중함과 연인의 깊은 사랑을 느끼고 싶은가. 떠나라 신시도로.

장자도 대장봉 일몰 (사진= 박정훈 연구원 제공)

사진 촬영의 명소
장자도

'장자도(壯子島)'는 현자(賢者)의 섬이다. 큰 인물이 나온다는 섬이다. 우연의 일치일까. 이 섬에서는 인물이 많이 나왔다. 예전 일이다. 130여 명 인구 중에 법조인만 7명이 나왔다. 결코, 적은 숫자가 아니다.

장수(長壽)마을이라고도 불린다. 현재 180여 명이 살고 있다. 85세 이상이 20여 명이다. 얼마 전 돌아가신 분이 103세였다. 통계로 봐도 마을 유래에 신빙성이 있다. SBS에서 장수마을로 방영도 됐다.

장자도의 상징은 '대장봉'이다. 명칭에 설화가 있다. 어떤 도인이 지었다고 한다. 고군산군도를 지휘하는 봉우리가 되라고. 대장봉 정상에 올라보라. 높이는 142m

밖에 안 된다. 낮다고 우습게 보지마라. 정상에 오르는 길이 꽤 가파르다. 가팔라서 좋은 점도 있다. 운동하기에 안성맞춤이다. 계단이 설치돼 낙상 위험은 없다. 정상에 서면 느낄 것이다. 대장봉의 가치를. 고군산군도를 한눈에 볼 수 있다. 가슴이 뻥 뚫린다. 사방의 섬들이 발아래 고개를 숙인다. 드넓은 바다가 손바닥 안에 놓인다.

장자도는 사진 촬영의 명소로도 유명하다. 국내 사진작가들이 뽑은 '포토존1번지'로 선정됐다. 사진작가들이 줄을 잇는 이유다. 아마추어 사진동호회도 즐겨 찾는다. 등산객도 휴대폰을 누르기에 바쁘다. 고군산군도의 아름다움을 놓치기 싫어서다. '한국산악연맹'도 대장봉의 절경을 인정했다. 고군산군도 가운데 가장 아름다운 섬으로 점찍었다. 이런 이유일까. 방송촬영장소로 인기를 끌고 있다. 대장봉을

장자 할매바위

오르다 보면 우뚝 선 바위를 볼 수 있다. 산 중턱에 있다. 숨이 목에 찰 때쯤 모습을 나타낸다. 전설의 '할매바위'다. 사연은 이러하다. 남편이 한양에 과거시험을 보러갔다. 장원급제했다. 금의환향했다. 부인은 정성스레 밥상을 차려 내왔다. 그런데 남편 옆에 웬 여인이 서 있었다. 새 부인이 배시시 웃고 있었다. 부인은 그 자리에서 몸이 굳어 바위가 됐다. 사실은 새 부인이 아니였다. 남편을 따라온 수행원이였다. 애달픈 사연이다. 사연을 들은 여인들은 발길을 떼지 못한다.

장자도는 일찍부터 어업이 활성화됐다. 1919년 '어업협동조합'을 결성했다. 지금 군산수협의 모태다. 장자도는 부자 섬이다. 고군산군도의 섬들이 모두 그러하듯이. 장자도 주민은 최근에 수입이 많이 증가했다. 2017년 '장자대교' 개통 이후 3배 정도 소득이 늘었다. 교통이 편리해져 관광객이 많이 찾는 탓이다. 장자대교는 선유도와 장자도를 연결한다. 인구도 늘어났다. 고향을 떠난 사람이 돌아오고 있다. 먹고살기 좋은 고향에 다시 터전을 잡고 있다.

주민의 70%가 어업에 종사한다. 숙박업도 겸하고 있다. 펜션 촌이 형성됐다. 유럽 풍 외관은 이국적 느낌마저 든다. 8개 업소가 70여 개 방을 운영한다. 여행객이 편히 쉴 수 있다. 힐링 쉼터를 갖추고 있다.

장자도의 펜션마을

이 섬에서는 무얼 먹을까. 주로 생선을 먹는다. 자연산 회를 싸게 먹을 수 있다. 밑반찬도 푸짐하다. 안주도 풍족히 내준다. 주민 의식이 변했다. 관광산업이 장래 먹거리라 인식하고 있다. 친절함으로 관광객을 맞이한다.

주민의 꿈은 다부지다. 장자도에 '자갈치시장'을 세울 계획이다. 부산의 자갈치 시장규모는 아니다. 작고 실속 있는 어시장을 꿈꾸고 있다. 2021년부터 2년 안에 완공할 예정이다. 이미 149억 원의 예산을 확보했다. '어촌뉴딜300사업' 공모에서 1위를 차지해 받은 기금이다. 고군산군도의 자갈치시장을 꿈꾸는 장자도. 분주히 발길을 옮겨보라. 수려한 풍경과 함께 맛의 향연을 즐길 것이다.

석양이 아름다운
선유도

'선유도(仙遊島)'의 낙조(落照)는 절경이다. 말 그대로 예술이다. 지는 해의 아름다움을 느낄 수 있다. 하늘이 붉어진다. 바닷물도 붉은색으로 바뀐다. 붉은색도 여러 종류가 있다. 어찌 표현해야 할까. 아쉽다. 말이나 글로 표현하기 힘들다. 신이 원망스럽다. 인간이 표현할 수 없는 아름다움을 왜 주었는지.

선유도의 석양은 가르침을 준다. 해와 바다, 돌과 어울려 조화의 극치를 이룬다. 수평선 너머로 모습을 감추며 말한다. 나처럼 마음을 비우라고. 욕심을 부리지 말라고. 조화롭게 인생을 살라고.

선유도 일몰 (사진=임동준 제공)

    선유도의 석양은 '몽돌해변'에서 봐야 한다. 몽돌(모가 나지 않고 둥근 돌)에 부딪히는 파도 소리가 석양에 전해진다. 소리와 빛의 화음이다. 사람들은 선유도로 모여든다. 붉디붉은 석양을 보러. 그 아름다움에 빠져 넋을 잃는다. 석양의 가르침에 빠져든다.
    석양만 아름다운가. 아니다. 주상절리(柱狀節理)*의 신비로움이 반긴다. 군산 '구불길코스'의 한 부분이다. 주민은 말한다. 선유도의 구불길은 최고의 명품이라고.

※ 주상절리(columnar joint, 柱狀節理) 단면의 모양이 육각형, 오각형 등 다각형으로 긴 기둥 모양을 이루고 있는 절리를 말한다. 화산암 암맥이나 용암, 용결응회암 등에서 생긴다.

걷기에 편하도록 데크도 잘 설치돼 있다. '트래킹코스'로 유명하다. 깎아지른 바위가 감탄사를 내뱉게 한다. 산과 바다를 함께 보며 걷는 길. 여행의 즐거움을 몇배로 느끼게 해준다.

주상절리에 빠져있을 때 자갈 소리가 들린다. 파도에 몸을 씻는 몽돌의 소리다. 몽돌해변도 선유도의 자랑이다.

석양과 주상절리 몽돌해변. 자연이 이 섬에 선사한 축복이다. 선유도에 또 다른 명소가 없을까. 많다. 아주 많다. 발길 닿는 곳마다 신비감을 준다. 선유도해수욕장. 천연 해안사구(海岸沙丘·해안을 따라 발달한 모래 둔덕)로 이뤄졌다. 백사장이 넓게 펼쳐져 있다. 모래가 곱고 아름답다. '명사십리(鳴沙十里)해수욕장'이라 불린다. 집라인(zipline)도 설치돼 있다. 해수욕장 입구에서 솔섬까지 연결돼있다. 바다를 발밑에 두고 새처럼 날 수 있다. 정면을 바라보면 '망주봉'이 눈앞에 다가온다. 망주봉에는 고려 인종의 별장이 있었다. 12채의 관아가 있었다. 중국 사신도 맞았다. 선유도는 외교의 관문 역할도 했다. 1년에 3백만 관광객이 찾는 명소다.

백사장에서 바라보는 망주봉도 숨을 멎게 한다. 봉우리의 웅대함에 기가 죽는다. 여름에 큰비가 내리면 장관이다. 봉우리에서 7~8개의 물줄기가 쏟아진다. 폭포처럼 물줄기를 토해낸다. '망주폭포'라 한다. 선유팔경의 자태를 뽐낸다.

선유도는 배낚시를 즐길 수 있다. 선유1구에는 낚싯배를 운영하는 주민이 많다. 낚시꾼의 발길이 잦다. 갯바위 낚시를 즐기기에 적합하다. 다양한 어종이 낚시꾼을 유혹한다. 낚시 애호가들이 모이다 보니 다툼도 있다. 쓰레기가 쌓여 주민과 마찰을 일으킨다. 환경은 우리가 지켜야 한다. 자연은 우리가 보전해야 한다. 후손에게 물려줘야 할 유산이다. 양식 있는 행동이 필요하다.

선유도는 삶의 의미를 알려주는 섬이다. 지치고 힘든 사람들은 조용히 발길을 돌려라. 석양이 매혹적인 선유도로.

3
CHAPTER

군산,
세번째 이야기

근현대의 역사를 간직한

군산의 명소

군산은 지붕 없는 박물관이다.
볼 것이 많아서다.

둘러볼 곳도 많다. 여기저기 퍼져있다.
고즈넉한 옛 분위를 느낄 수 있다.

일제강점기 수탈의 현장을 그대로 볼 수 있다.
타임캡슐을 타고 떠나는 시간여행이다.

동국사 전경

낭만의 거리도 있다.
아스라이 멀어져간 옛 추억을 되살릴 수 있다.

현대문명의 찬란함도 즐길 수 있다. 미래를 대비하는 꿈도 꿀 수 있다.
군산은 과거와 현재, 미래가 어우러진 복합도시다.
문화의 복합체 도시가 군산이다.
군산은 모든 곳이 관광의 명소다. 어느 한 곳을 콕 집을 수가 없다. 지면이 모자란다. 아쉬운 대로 몇 곳을 둘러보자.

운행을 멈춘 임피역 열차

추억을 되살리는
경암동 철길

양보해야 한다. 너른 마음으로 걸어야 한다. 짜증내면 안 된다. 배려하는 마음을 가져야 한다. 어깨가 부딪쳐도 웃어야 한다. 경암동 철길을 걸으려면. 이 길은 군산 최고의 관광지 명소로 자리 잡았다. 남녀노소가 몰려든다. 전국에서 찾아온다. 시끄럽다. 중년 아줌마들의 숨넘어가는 웃음소리. 중·고생 소녀들의 해맑은 목소리. 솜사탕을 먹으며 다정스레 걷는 연인의 모습. 중년 아저씨들의 비틀거리는 발걸음. 벌겋게 달아오른 술 취한 얼굴. 모두가 정겹게 보인다. '경암동철길'에는 옛 추억의 물건이 많이 있다. 지금은 보기 힘든 추억의 음식도 맛볼 수 있다. 운행을 멈춘 기차도 전시돼 있다.

경암동철길은 철로와 집이 1m밖에 안 떨어졌다. 철로 옆에는 빨래가 널려있었다. 화분도 놓였다. 여러 가지 생활용품이 자리 잡았다. 기차가 지나가기 어려웠다. 기관사가 뛰어내렸다. 빨래와 화분 등을 치워가며 운행했다. 기차가 워낙 천천히 운행돼 가능한 일이었다. 기적소리가 나면 주민들도 뛰어나왔다. 자신들의 물건을 거둬들였다. 기차가 지나는 모습이 아슬아슬했다. 2000년대 초에 방송 화면을 탔다. 시청자의 관심을 끌었다. 유명세를 타기 시작했다. 2008년 6월 30일부로 화물열차 운행이 중단됐다.
운행이 중단된 뒤부터 상업화됐다. 관광명소로 널리 알려졌다. 영화 촬영지로 관심을 끌었다. 2014년 황정민·한혜진 주연의 '남자가 사랑할 때'로 유명해졌다. 영화팬들이 현장을 직접 방문했다. 관광객이 폭주했다.

경암동철길은 산업철도였다. 1944년 '북선제지' 공장을 건설했다. 제지원료와 완제품을 수송했다. 옛 군산역까지 2.5km 구간이었다. 경암동 철길 마을 주변은 채소재배단지였다. 1960년대 초반에 7가구가 살았다. '한국합판'이 들어서면서 인구가 증가했다. 마을이 커졌다. 지금은 원주민 3가구가 살고 있다. 70년대 말의 모습이 현재의 경암동철길이다. 경암동철길은 세월을 머금고 있다.

경암동 철길마을

군산의 상징
은파호수공원

군산의 상징이 됐다. 도심 속 휴식 공간으로 사랑받고 있다. '은파(銀波)'는 '빛과 어우러져 아름답다'는 뜻을 가진 합성어다. '은파호수공원'은 빛과 물, 음악이 조화를 이룬다. 명품 산책로가 조성돼 있다. 먹거리도 준비돼 있다. 체육시설도 갖춰져 있다. 공원 안에서 모든 것을 즐길 수 있다.

'물빛다리'는 공원의 상징물이다. 국내 유일의 보도 현수교다. 아름다운 자태를 뽐

은파호수공원 야경

낸다. 다리 위에서 호수에 비친 자연의 모습을 봐라. 생활의 여유를 찾을 것이다. 야간에 바라보는 물빛다리는 어떠한가. 조명으로 연출된 빛의 아름다움에 빠지게 된다. 많은 사람이 물빛다리를 거닐며 하루의 피로를 푼다. 다리의 아름다움을 더해주는 조형물이 있다. 음악분수다. 조명과 함께 음악이 흘러나온다. 꽃잎 형태의 분수가 나비처럼 춤을 춘다. 호수와 물빛다리를 연계한 환상적인 분수다. 한여름의 더위를 말끔히 씻어준다.

공원의 봄은 상춘객으로 가득 찬다. 호수의 벚꽃 산책로가 아름답다. 6.5km의 산책로는 새하얀 꽃길이 된다. 시민에게 산책의 기쁨을 준다. 매년 봄에 벚꽃축제가 열린다. 시민의 잔치 한마당이다.

걷는 게 힘들면 자전거를 타라. 호수 주변을 상쾌하게 달릴 수 있다. 8km의 자전거도로가 잘 구비돼 있다. 아름다운 호수경관을 활용해 만들었다. 자전거 타기 활성화를 위해 차별화에 힘썼다. 편의시설도 확충했다. 시민 건강과 삶의 질 향상을 위해 노력했다.
젊은이를 위한 공간도 준비돼 있다. 인라인스케이트장이다. 200m 트랙을 갖추고 있다. 동호인들이 애용한다. 가족끼리도 즐긴다. 많은 관광객도 웰빙장소로 즐겨 찾는다. 이 밖에도 생활체육을 즐길 수 있는 시설이 많다.
보트 타기도 또 다른 즐거움이다. 호수의 정취를 만끽할 수 있다. 호수 안에 보트장이 있다. 오리·모터보트 등을 탈 수 있다. 보트 위에서 바라보는 호수의 풍경. 색다른 느낌을 준다. 7, 8월 한여름에는 연꽃의 멋스러움을 느낄 수 있다. 백련·수련·노랑어리연 등 수십 종의 연꽃과 수생식물이 활짝 핀다. 눈앞에서 펼쳐지는 자연의 미소가 몇 배의 즐거움을 선사한다.

지친 발걸음에 피곤이 오는가. 먹으면서 잠시 쉬었다 가라. 산책로에는 맛난 음식점이 손님을 기다린다. 음식점 단지에서 별미를 즐겨라. 싱싱한 생선이 식욕을 돋게 한다. 얼큰한 민물 매운탕도 토속적 맛을 뽐낸다. 은파호수공원은 군산시민만의 호수가 아니다. 군산을 찾는 여행객의 공유물이다.

군산의 새명물거리
짬뽕특화거리

군산하면 짬뽕. 짬뽕하면 군산. 군산의 대표 음식으로 짬뽕이 선정됐다. 사람들은 말한다. 군산을 '짬뽕도시'라고. 군산시는 짬뽕의 브랜드화에 골몰했다. 군산에 짬뽕특화거리를 만들었다. 군산에는 일제강점기에 많은 중국인이 살았다. 지금도 화교들이 운영하는 중국집이 있다. 전국적으로 소문이 났다. 중국인들은 특유의 비법으로 짬뽕을 만들었다. 한국인들도 짬뽕을 만들었다. 군산의 풍부한

짬뽕특화거리

홍영장의 옛 모습

해산물을 활용했다. 싱싱한 해산물이 맛을 더해줬다. 신선한 채소도 듬뿍 넣었다. 군산은 농어촌으로 구성돼 재료공급이 원활하다. 군산의 짬뽕 맛이 좋은 이유다. 가게마다 맛도 다르다. 각기 특이한 맛을 자랑한다.

짬뽕특화거리는 2019년에 조성했다. 현재 만들어 가는 중이다. 상징물 5개를 설치했다. 홍등으로 중국 분위기를 만들었다. 공중에는 홍등이 주렁주렁 걸려있다. 중국에 온 듯 착각을 하게 된다. 동령길 일대에 조성했다. 예전의 장미동이다. 과거에는 번화했던 동네다. 지금은 침체해 있다. 동령길에 조성한 이유가 있다. 화교들이 운영하는 중국집이 모여 있다. 빈해원, 홍영장, 국제반점 등이 있다. 전국에 소문난 중국집이다. 모두가 화교들이 대를 이어 운영하고 있다. 예전의 맛을 그대로 보존하고 있다. 여기에 전보짬뽕이 합류했다. 현재 4곳이 영업을 하고 있다. 앞으로 10곳 정도를 추가로 유치할 계획이다.

2020년에는 군산 짬뽕 페스티벌을 개최했다. 온라인 축제로 16일간 열렸다. 10월 7일에서 22일까지 개최됐다. 반응이 좋았다. 코로나19로 인해 원래 계획과 다르게 진행됐다. 코로나가 종식되면 시간여행 축제와 함께 대면축제로 성대하게 치룰 예정이다.

군산시는 '짬뽕특화거리'를 '도시재생사업'과 연결시킬 계획이다. 여행상품으로도 개발할 예정이다. 이를 위해 다양한 지원책을 펼치고 있다. 특화거리에 입점할 가게의 임대료를 지원하고 있다. 월 100만 원씩 2년간 지급한다. 업소들의 정착에 도움이 된다. 영업장도 132㎡(40평) 이상 규모로 유도하고 있다. 고객의 편의를 위해서다. 짬뽕을 만드는 체험도 할 수 있게 한다. 광장에서 직접 짬뽕을 만드는 경험도 할 수 있다. 자신이 만든 짬뽕을 먹을 수 있다. 새로운 경험의 장이 된다. 창업을 위해 교육도 할 계획이다.

짬뽕특화거리는 군산의 새로운 명소로 떠오를 전망이다. 관광객이 꼭 찾아가는 먹거리 장터가 될 것으로 예상된다. 침체된 지역경제 활성화에도 큰 몫을 할 것으로 기대된다.

항일정신의 본산
군산 3·1운동 100주년 기념관

군산은 항일(抗日)의 도시다. 저항의 도시다. 수탈만 당한 도시가 아니다. 당한 만큼 거세게 싸웠다. 일제의 억압에 줄기차게 대들었다. 대표적인 저항이 '군산3·1운동'이다. 1919년 3월 5일. 군산에서 독립만세운동이 일어났다. 3·5만세운동이라고도 한다. 한강 이남 최초의 독립만세운동이다. 영명학교 출신 김병수 학생과 교사들이 기습적으로 벌인 독립만세운동이다. 독립만세운동을 통해 군산시민의 항일정신이 불을 뿜었다. 농축된 마그마가 화산을 터뜨리듯이.

이날의 만세운동은 군산영명학교와 멜볼딘여학교의 교사와 학생, 구암병원 사무원, 구암교회 교인이 합세해 시작됐다. 100여 명으로 시작한 만세운동은 시민이 합세해 금방 500여 명으로 늘어났다. 군산시민의 애국심이 용암처럼 흘러 내렸다. 독립만세운동의 함성이 천지를 뒤흔들었다.

일제는 군산시민의 저항에 당황했다. 어찌할 바를 몰랐다. 급기야 이리(익산)의 헌병대까지 진압에 나섰다. 대대적 검문과 체포 작전이 시작했다. 무자비한 진압은 피를 불렀다. 사망 53명, 부상 72명, 투옥 50여 명의 처참한 결과를 낳았다. 피해가 큰 만큼 만세운동의 전파력도 컸다. 이날의 저항을 계기로 전라도는 물론 경상도, 충청도에도 만세운동이 들불처럼 퍼져 나갔다.

군산시는 군산3·5만세운동의 숭고한 정신을 기리기 위해 기념관을 세웠다. 기념관을 통해 과거의 역사를 되새겨 보려 함이다. 미래의 발전을 도모하기 위해서다. 기념관에는 군산3·5만세운동에 관련된 사진 유물 등이 전시돼 있다. 군산에서는 매년 시민들이 참여하는 3·5만세운동 재현 행사가 이어지고 있다.

복합건축 양식의 독특한 구조
이영춘 가옥

독특한 양식의 건축물이다. 서구식, 일식, 한식이 결합한 복합건축 양식이다. 전라북도에서 유형문화재로 관리하고 있다. 농촌 보건위생의 선구자인 '이영춘' 박사가 거주했다. 이 가옥을 보려면 '구마모토(熊本) 농장'에 대해 먼저 알아야 한다.

이영춘 가옥 내부

구마모토는 일본인 대지주였다. 개인으로서는 조선 최대의 농장주였다. 군산 옥구, 김제, 정읍 등지에 천만 평에 달하는 농장을 소유했다. 직원이 50명에 달했다. 소작인은 3천 세대, 2만여 명을 거느릴 정도였다. 일제강점기는 변변한 의료시설이 없었다. 다양한 질병이 만연했다. 기생충, 폐결핵, 매독 등이 널리 퍼져 있었다. 많은 소작인이 병으로 사망했다. 구마모토는 고민 끝에 자체 진료소를 개설했다. 소작인의 건강을 지키기 위해서다. 수소문 끝에 진료소장으로 이영춘 박사를 초빙했다.

구마모토는 농장 안에 자신의 별장도 지었다. 건축양식이 특이했다. 우리나라 최초로 미터법을 사용해 지었다. 목조건물이다. 외관은 서구식이다. 내부는 한식과 일식이 혼재됐다. 조선총독부 관저와 비슷한 건축비를 썼다고 전해진다. 거실에는 외국에서 수입한 샹들리에가 호화스럽게 폼을 잡고 있다. 장식품 일부는 조선 왕실에서 쓰던 것으로 꾸몄다. 고종황제 일가가 사용한 가죽 의자가 옛 모습을 간직하고 있다. 구마모토의 영향력을 짐작할 수 있다.

구마모토는 해방 후 본국으로 떠났다. 수많은 재산을 남기고 갔다. 농장의 잔고 수억 원도 이영춘 박사에게 전해줬다. 자신의 별장도 이영춘 박사에게 물려줬다. 구마모토는 일제강점기 악덕 농장주와는 다른 모습을 보였다. 구마모토는 일제의 정책에 반기를 들기도 했다. 그나마 양심 있는 일본 농장주로 인식됐다. 이 박사는 평생 이 집에서 머물렀다. 그래서 이집을 '이영춘가옥'이라 부리고 있다. 영화 '장군의 아들'과 SBS 드라마 '모래시계'의 촬영지로 제공됐다.

이 건물은 일제강점기 농장주에 의한 토지 수탈의 참모습을 보여주는 역사적 가치가 있다. 동시에 해방 후 농촌 보건위생의 선구자인 이영춘 박사가 거주했다는 의료사적 가치도 품고 있다. 지금은 '이영춘 박사 기념전시관'으로 사용하고 있다.

이영춘 가옥

이영춘마을현장

'8월의 크리스마스' 초원사진관과 심은하가 탄 티코

추억을 되살리는
초원사진관

군산은 영화 촬영의 메카다. 해방 후 현재까지 170여 편의 영화와 드라마가 촬영됐다. 시대극이 주를 이뤘다. 옛것이 잘 보존돼 있어서다. 군산에는 근대 건축물이 많다. 도시 분위기가 고전미를 물씬 풍긴다. 영화에서 시대감각을 제대로 살릴 수 있어 감독이 가장 선호하는 장소다.

'초원사진관'이 유명하다. 영화 '8월의 크리스마스' 촬영 장소다. 촬영이 끝난 뒤 철거됐다. 군산시가 복원했다. 지금은 여행객이 꼭 방문하는 명소가 됐다.

8월의 크리스마스는 1998년 크게 히트했던 멜로물이다. 한석규·심은하 주연의 애틋한 사랑 얘기다. 시한부 인생 한석규와 주차 단속요원 심은하의 이루지 못한 사랑. 관객은 슬프고도 아름다운 사랑얘기에 손수건을 적셨다. 영화는 여운을 남겼다. 사랑은 이뤄지지 못해도 아름다울 수 있다는 것을 보여줬다. 그때의 여운이 남아서일까. 중년의 남녀가 많이 찾는다. 사진 찍기에 바쁘다. 상념에도 빠져든다. 아스라이 멀어져 간 첫사랑의 추억을 더듬는다. 초원사진관은 주연배우 한석규가 어릴 적에 살던 동네 사진관 이름을 따서 지었다고 한다.

사진관 옆에는 티코가 앙증맞게 서 있다. 심은하가 촬영할 때 나왔던 자동차다. 지금은 사라진 보물급 자동차다. 초원사진관 분위기와 절묘한 조화를 이룬다. 중년 부인들이 탄성을 자아낸다. "어머머 여기 티코 좀 봐. 일행도 호응한다. 그러게 말이야. 예전에 우리 티코 타고 드라이브도 많이 다녔는데." 깔깔거리는 웃음소리에 과거로의 시간여행을 떠난다.

초원사진관 주변에는 다른 영화 촬영지도 있다. 신흥동 일본식 가옥이다. 영화 '장군의 아들'과 '타짜'가 촬영됐다. 잘 꾸며진 정원과 가옥이 분위기를 끌어 올렸다. 이 영화들은 군산의 중국집에서도 찍었다. 화교가 운영해 중국 분위기가 물씬 나는 음식점이다. 국내에서는 좀체 보기 힘든 분위기다. 두 개 층으로 운영하는 대규모 중국집이다. 출연 배우들의 연기력이 뛰어났다. 촬영장소의 분위기도 영상미를 더 해줬다. 연기력과 촬영장소가 조화를 이뤘다. 크게 히트를 했다.
군산에는 지금도 영화 촬영 문의가 많이 들어온다. 군산 같은 고전적 도시 분위기를 찾기 어려워서다. 옛 정취가 물씬 나 촬영지로 적합하다. 여행 중 운이 좋으면 촬영 현장을 직접 볼 수 있다. 시는 영화 촬영에 많은 편의를 제공하고 있다. 수도, 전기, 화장실, 주차공간, 분장실 등 다양한 편의시설을 내주고 있다. 촬영 기간 지역경제 활성화에 도움이 된다. 군산에는 영화 관계자의 발길이 끊이지 않는다. 군산의 고즈넉한 분위기를 담으려 한다. 군산은 '문화관광 도시'를 추구하고 있다. 군산의 모든 여건이 뒤를 받쳐주고 있다.

질곡의 현장
아메리카타운

군산의 아픔은 현대에도 있었다. 해방 후 일제가 떠났다. 그 자리에 미군이 들어왔다. 옥구(沃溝)에 미군비행장이 들어섰다. 미군의 여흥이 필요했다. 미군 위락시설이 들어섰다. 현재의 영화동 일대였다. 위안부도 모여들었다. 위안부의 활동무대였다. 수백 명에 달했다. '양공주'라 불렀다.

양공주라 불린 여인들. 그녀들을 절대 욕하지 마라. 생활이 힘들어서. 병든 부모님을 봉양하기 위해서. 동생을 공부시키기 위해서. 삶의 길이 너무 험난해서 나온 여인도 있다. 그녀들도 어느 집의 귀한 딸이었다. 누나였고, 언니였고, 동생이었다. 그 시절 지긋지긋한 가난이 그녀들을 거리로 내몰았을 뿐이다. 가난한 나라의 숙명을 그녀들이 짊어졌다.

기가 막힌 역사의 수레바퀴다. 일제가 휘젓던 장소에 미군이 활개를 쳤다. 강대국 군인의 군화 소리가 계속 저벅거렸다. 질곡의 아픔을 가진 현장이다.

위락을 위한 거리엔 범죄가 심심치 않게 발생했다. 거리의 특성상 당연한 결과였다. 학생 교육에도 안 좋았다. 장소 이전에 대한 공론화가 이뤄졌다. 1960년대 말 이주가 시작됐다. 1969년 5·16 주체세력인 '백태하' 대령이 아메리카타운이라는 법인을 설립했다. 군산시 미면 야산 일대를 구입했다. 미군 위락단지를 따로 조성했다. 속칭 '아메리카타운'이 형성됐다. 미군 상대 모든 업소가 합류했다. 내국인도 출입이 자유스러웠다. 체계적 운영으로 자리를 잡는 듯했다. 1990년대까지 군산의 대표적 유흥가로 호황을 누렸다. 이때 예상치 않은 일이 발생했다. IMF로 인한 경기불황이 쓰나미 같이 밀려왔다. 반미감정도 고조됐다. 점차 쇠락의 길로 빠져들었다.

이런 와중에 살인사건이 났다. 미군에 의해 벌어졌다. 치정사건이었다. 어느 미군이 한 여인을 흠모했다. 만나자 했다. 집요하게 달라붙었다. 그 여인은 이미 애인이 있었다.
만남을 거부했다. 마침내 미군은 그 여인을 살해했다. 아주 잔혹했다. 다른 여인들은 모두 분개했다. 자신들의 아픔으로 느꼈다. 삽과 곡괭이를 들고 시위에 나섰다. 범인을 내놓으라고 요구했다. 큰 사회문제로 번졌다. 정부와 미군도 해결책을 찾아 나섰다.

미 사령관이 명령을 내렸다. 미군에게 외출 금지 명령이 떨어졌다. 거리에 미군이 없었다. 자연히 한국인 상대 유흥업소로 바뀌었다. 마을의 성격이 바뀌었다. 대책위는 2009년 아메리카타운의 명칭을 바꾸기로 했다. '국제문화마을'로 변경했다. 바(Bar)와 세탁소, 식당 등 생활시설이 입주했다. 근무하는 여성들도 다양하다. 필리핀·러시아·우즈베키스탄 등 외국 여성이 거주하고 있다. 주로 클럽에서 일한다. 주한 미군도 휴가철에는 외국으로 나간다. 오키나와 ,괌, 필리핀 등으로 떠난다.

아메리카타운은 이름을 바꿔 존속하고 있다. 과거의 화려함은 없어졌다. 몇몇 업소만 남아 명맥을 유지하고 있다. 대부분이 개점 휴업 상태다. 쇠락한 모습이다. 역으로 생각하면 반가운 일이다. 자부심을 가질 만하다. 대한민국의 국력이 강해졌다는 방증이다. 아메리카타운은 현대사의 아픔을 간직하고 있다. 사라져 가지만 잊지 말아야 할 장소다.

임피역

옛 모습을 간직한
임피역

고요함을 느끼고 싶은가. 호젓함을 맛보고 싶은가. 빛바랜 역 건물을 보고 싶은가. '임피역(臨陂驛)'에 가보라. 100년이 지난 모습을 고이 간직하고 있다. 임피역에 가면 무엇이 생각날까. 돌아가신 외할머니의 다정스러운 얼굴이 떠오른다. 어서 업히라며 등을 내주시던 할아버지의 미소가 생각난다. 임피역은 잊힌 얼굴을 떠오르게 한다. 그리운 사람이 보고 싶어져 눈물을 흘리게 만든다. 기적소리가 끊긴 임피역은 추억을 머금게 한다. 낭만의 오솔길로 말없이 이끌고 간다. 빛바랜 임피역

옛 우물터

도 아픔이 있다. 일제강점기 혹독했던 수탈의 아픔이다.

임피역은 1912년 건립됐다. 국내에서 가장 오래된 역 중 하나다. 군산선의 간이역으로 운영했다. 일제강점기 호남평야의 쌀을 군산항으로 옮기기 위해 만들어졌다. 작은 간이역이지만 수탈의 아픔이 가득 차 있다. 임피역에 떨어졌던 빗물은 선조들의 눈물이었다. 임피역에 내렸던 하얀 눈은 선조들의 깊은 한숨이었다. 임피역에 울렸던 기적소리는 선조들의 통곡이었다.

임피역은 이런 아픔을 숨긴 채 여행객의 지친 발걸음에 쉼터를 내주고 있다. 낭만의 장소를 제공하고 있다. 추억의 그림자를 비춰주고 있다. 미래의 희망을 안겨주고 있다. 임피역이 가진 무형의 재산이다.

임피역에는 조용히 둘러볼 곳이 있다. 내부에서는 채만식의 정취를 느낄 수 있다. 밖에서는 '시실리광장(Sisilri Plaza)'을 만날 수 있다. 시실리 광장. 이국적 느낌을 준다. 아니다. '시실리(時失里)'의 뜻은 '시간이 멈춘 마을'이다. 쉬었다 가라는 뜻이다. 연못도 오는 사람을 반긴다. 전통우물도 향수에 젖게 한다. 자녀와 '열차체험교실'도 즐길 수 있다. 임피역은 2008년에 여객 취급을 중단했지만, 역사(驛舍)의 원형이 비교적 잘 보존돼 있다. 당시 농촌 지역 소규모 간이역사의 건축양식을 잘 보여주고 있다. 건축학·철도사적 가치가 높다. '국가등록문화재'로 지정됐다.

시실리 광장

임피역은 추억과 낭만의 장소로 각광받고 있다. 옛 시절이 그리운 사람은 떠나라. 임피역으로. 고요함에 얼굴을 묻어라. 웃음과 눈물이 범벅될 것이다.

이국적 분위기
근대역사체험공간(여미랑)

입구에 들어서면 기분이 묘해진다. 만감이 교차한다. 일본식 가옥이 펼쳐져 있다. 정원도 일본식으로 잘 꾸며져 있다. 대한민국에 일본마을이라니. 의아해할 수 있다. 기분이 나쁠 수도 있다. 그럴 필요가 전혀 없다. 오히려 뿌듯해해야 한다. 아픈 역사를 잊지 말자고 지은 가옥이다. 일부러 일본식으로 지었다. 군산시가 복원했다. 일제강점기 일본식 가옥을 재현했다. 숙박체험관으로 활용하기 위해서다.

다다미방에 누우면 일본인의 생활상을 엿볼 수 있다. 1930년대 일본식 '적산가옥(敵産家屋)'을 체험할 수 있다. 게스트하우스로 사용하고 있다. 넓은 방이 있다. 가족이 한방에서 잘 수 있다. 오손도손 다정스러운 얘기를 나눌 수 있다. 친한 친구와 우정을 나눌 수 있는 작은 방도 있다. 2012년부터 민간임대 형식으로 운영되고 있다. 여미랑(旅未廊·舊고우당)이라고도 불린다. 숙박시설과 함께 편의시설도 갖추었다. 식당과 카페도 있다. 고객에게 편의를 제공해주고 있다. 정원을 바라보며 마시는 커피 한 잔. 도심 속의 여유를 즐길 수 있다. 연못에 떨어지는 빗방울을 보면 소녀의 감상이 살아난다.

여미랑의 뜻은 의미가 있다. '아픈 역사를 잊지 말자'는 뜻이다. '하룻밤 추억도 깊이 간직하자'는 뜻을 품고 있다. 여행의 피로를 이국적 분위기에서 풀어보는 것도 좋을 듯하다. 역사를 품은 장소라면 금상첨화(錦上添花)다. 근대역사체험공간에 어울리는 장소다.

여미랑

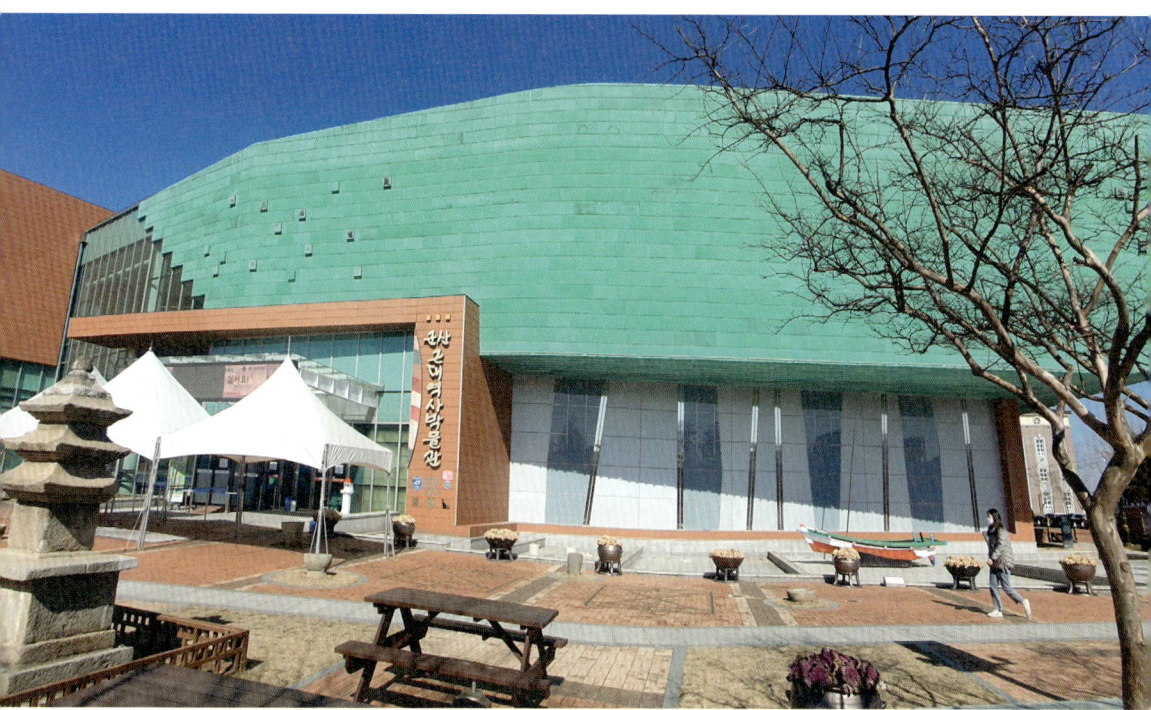

근대역사박물관

역사체험의 현장
근대역사박물관

역사는 미래가 된다. 아픔이 클수록 미래는 웅대하게 펼쳐진다. 군산은 아픔의 도시다. 아픔을 꿋꿋하게 버텨낸 도시다. 군산의 과거를 한눈에 볼 수 있는 장소가 있다. 현재와 미래도 엿볼 수 있다. 군산에 가면 꼭 들려야 할 장소다. '군산근대역사박물관'이다. 국제 무역항 군산의 모습을 보여준다. 세계로 뻗어가는 기상을 보여준다. 지하1층 지상4층의 건물이다. 3개 층이 전시관으로 꾸며져 있다. 자녀에게 꼭 보여줘야 한다. 가족과 함께 느껴야 한다.

'해양물류역사관'이 있다. 유물과 영상을 배치했다. 관람객의 이해를 돕고 있다. 군산은 물류유통의 중심지였다. 과거를 돌아볼 수 있다. 현재를 확인할 수 있다. 미래를 꿈꿀 수 있다. '어린이체험관'도 있다. 어린이 눈높이에 맞는 체험프로그램을 준비했다. 바다 여행, 바닷가 친구들, 바다 도시 군산으로 구성했다. 어린이는 바다를 통해 꿈을 키울 수 있다. 박물관에 친해질 수 있도록 도움을 주고 있다. 어린이의 호기심과 상상력을 키우는 데 도움을 준다.

'기증자전시실'도 있다. 박물관 개관에 도움을 준 이들을 위해 꾸몄다. 귀중한 유물들이 있어 값어치가 높다. '독립영웅관'은 선조의 항일운동을 알 수 있다. 군산지역 독립운동가 74분을 기리기 위한 공간이다. 자랑스러운 군산의 독립영웅들, 옥구농민항일항쟁 등으로 구성했다.

근대생활관은 많은 교훈을 준다. 1930년대 군산의 거리를 볼 수 있다. 당시 군산에 존재했던 11채의 건물을 재현했다. 체험과 전시공간으로 활용하고 있다. 그 시절, 그 거리에 서 있는 자신의 모습을 상상할 수 있다. 일제의 억압 속에 치열하게 살았던 군산사람의 모습을 느낄 수 있다. 근대생활관은 도심의 역사, 수탈의 현장, 서민의 삶, 저항과 삶, 근대건축물 등으로 구성했다.

'기획전시실'은 다양한 삶의 이야기를 담고 있다. 다양한 주제를 수시로 교체 전시한다.

4
CHAPTER

군산,
네번째 이야기

코로나 시대를 대비하는
문화예술관광의 도시 군산

군산이 변모한다. '문화예술관광' 도시로 탈바꿈한다. 군산시의 정책 방향이다. 경제 활성화에 큰 몫을 할 전망이다. 자립 도시의 발판을 마련하게 된다. 코로나 사태 이후 생활이 변하고 있다. 해외여행은 제약이 많다. 비행기를 타기 어렵게 됐다. 여행의 욕망은 점점 높아져 간다. 관광객의 발걸음이 국내로 돌아설 수밖에 없다. 군산시는 'AI와 코로나시대'에 맞춰 발 빠르게 정책을 수립했다. 문화와 예술이 혼합된 관광 도시가 목표다. 신의 한 수 같다. 군산의 모습이 탈바꿈할 것 같다. 시는 이를 위해 천혜의 자연환경을 이용할 계획이다. '해양레저도시'의 발판을 다지게 된다. '고군산군도'의 섬들이 뒷받침해 주고 있다. 보기만 해도 아름다운 섬에 레저시설이 들어서게 된다. 모두가 즐길 수 있는 휴양시설을 설립한다. 인프라 구축에도 힘을 쏟는다. 아름다운 섬 '어청도'에 쾌속선을 운항할 예정이다. '월명산 전망대'도 에너지 제로 건물로 건설할 계획이다. 고군산군도에 케이블카 설치도 논의 중이다. 탄소 없는 군산을 만들기 위한 노력이다.

'근대문화유산거리'는 관광자원으로 한계에 도달했다. 새로운 아이템을 개발해야 한다. 군산은 금강과 만경강을 사이에 두고 형성됐다. 오래전부터 인류가 살았다. 먹거리가 풍부해서다. 교육의 장으로 활용할 수 있다. 자연생태체험의 보고다. 가족과 함께 즐길 수 있는 장소다. 자연의 친구가 될 수 있다.

여행은 먹고, 보고, 자는 3요소가 이뤄져야 즐겁다. 군산은 그런 요소를 모두 갖추고 있다. 먹을 것이 많다. 해산물과 농산물이 풍부하다. 기본적으로 맛을 낼 수 있는 환경이 완비됐다. 볼 것도 다양하다. 군산 시내가 '지붕 없는 박물관'이다. 한 걸음만 옮기면 아름다운 섬과 산이 반긴다.

숙박시설도 확충했다. 쾌적한 환경에서 하루의 피로를 풀 수 있다. 여기에 즐길 것도 준비돼 있다. 소규모 공연이 자주 열린다. 다양한 전람회도 관람객을 기다린다. 문화와 예술을 즐길 수 있다. 유명한 대중예술인들이 군산에 정착하고 있다. 군산의 매력에 빠져서다. 예술인들은 군산 시민과 여행객을 위해 공개된 장소에서 재능기부를 하고 있다.

군산은 일찍 산업화한 도시다. 일제가 점령하면서 산업화가 빨리 이뤄졌다. 최근까지도 대형 생산시설이 가동했다. 경기침체와 함께 문을 닫고 군산을 떠났다. '현대중공업과 GM'의 철수는 군산 경제에 큰 타격을 줬다. 거리에는 사람 발길이 끊겼다. 공장 주변의 불도 꺼졌다. 빈 상가가 늘어났다. 교훈을 얻었다. 제조업은 부침이 심하다. 이를 대비할 수 있는 것이 국내 관광산업이다. 군산을 찾는 관광객은 연 500만 명에 이른다. 시는 2021년에 1,000만 관광객을 유치할 계획이다. 침체한 지역경제의 활성화를 이루기 위해서다.

기업 유치에도 힘쓰고 있다. 산업과 문화·예술·관광의 조화를 이루려 한다. 짧은 시간에 해결될 문제는 아니다. 긴 시간을 두고 조화롭게 풀어야 할 과제다.

장자도 펜션마을

문화예술인이 찾는
창작의 도시 군산

군산이 예술인의 창작도시로 떠오르고 있다. 여러 분야의 유명인이 터를 잡고 있다. 생활의 터전으로 삶을 이루고 있다. 창작하기 좋은 도시로 널리 알려졌다. 군산은 영감이 떠오르는 도시라고 입을 모으고 있다. 입소문은 널리 퍼져 나갔다. 이제는 예술인의 발길이 부쩍 잦아졌다. 군산에 정착하기 위해서다. 예술의 도시, 창작의 도시, 영감의 도시. 군산의 새로운 브랜드가 될 전망이다.

군산이 어떻게 예술인의 사랑을 받게 됐을까. 어느 재즈 애호가의 열정이 결실을 거두고 있다. 재즈 레스토랑 '파라디소'를 운영하는 송성진 사장이다. 송 사장은 1년에 5~6번 재즈공연을 개최했다. 8년 정도 했다. 자비를 들여가며 열정을 불살랐다. 돈이 많이 들어갔다. 재즈 음악가들 사이에 소문이 났다. 재즈에 미친 사람. 재즈를 정말 사랑하는 사람. 열정이 대단한 사람. 송 사장을 보고 싶어 했다. 송 사장의 순수함이 통했다. 송 사장은 꿈이 있다. 군산에 '재즈타운'을 건설하는 것이다. 재즈 음악가들이 송 사장의 뜻에 동참했다. 출연료를 줄여가며 군산에 내려왔다. 많은 대화도 했다. 예술인이 살 만한 도시 군산에 대해서.

이런 과정 속에 생각지 못한 선물을 받았다. 유명 재즈피아니스트 임인건이 군산에 왔다. 살려고 왔다. 제주에서 거주하다 군산으로 이사를 왔다. 군산에 있는 무언가에 이끌려 왔다고 했다. 군산에 예술인들이 정착하는 결정적 계기가 됐다. 임인건은 군산의 매력에 흠뻑 빠졌다. 군산 사랑을 음악으로 발표했다. '개복동 꽃순이' '군산추억' '군산에서' 등을 작사·작곡했다. 직접 노래도 불렀다. '군산야행축제' 때 오프닝 공연도 했다. 완전 군산 사람이 됐다. 임인건이 군산에 정착하자 동료들이 모여들었다.

대중가수 겸 재즈보컬 BMK도 군산으로 왔다. 구도심에 작은집 하나를 마련했다.

군산을 찾은 유명 대중예술인들 (사진 : 송성진 파라디소 대표 제공)

좋은 사람들 자주 보려고 집을 샀다. 스케줄이 없을 때는 군산에서 여유를 즐기고 있다. 동료들과 술 마시고 수다를 떤다. 재충전의 시간을 알차게 보낸다. BMK는 군산에 좋은 동료와 맛있는 음식이 많아 집을 샀다고 한다. 군산은 음악계에 회자하고 있는 장소라고 분위기를 전한다.

재즈 기타리스트 찰리정도 합류했다. 서울에서 작업하다 문득 생각나면 한숨에 달려온다. 구도심의 묘한 분위기가 작곡의 영감을 준다고 한다. 군산은 알 수 없는 창작의 기운이 숨어 있다고 예찬론을 펼친다.

아트포크락 아티스트 김두수도 군산의 매력에 빠져 정착했다. 김두수는 여러 곳을 떠돌며 살았다. 어느 날 군산의 시골길을 걷다가 석양과 평야에서 느껴지는 넉넉함에 이끌려 주저앉았다. 얼마 있다 떠나겠지 했는데 아직도 살고 있다. 군산이 자신을 떨쳐내지 않는다고 한다. 군산 사람들의 푸근한 인심도 김두수의 마음을 사로잡았다. 요즘 사람은 화가 많은데 "군산 사람은 따뜻하고 넉넉함을 느낄 수 있다."며 활짝 웃는다.

사진 아티스트 김우영과 민병헌도 군산의 아름다움에 빠져 눌러앉았다. 김우영은 뷰 파인더에서 바라보는 군산의 모습에 영감을 받았다. 군산의 속 모습은 인간이 현대문명으로 만들어낸 부산물이 아니었다. 김우영은 작업이라는 설렘을 불러일으킨 영감의 장소로 느꼈다. 군산을 한국에서의 사진 작업 베이스로 정했다.

민병헌은 우연히 군산에 들렀다. 어릴 적 동네 분위기가 그대로 남아있었다. 집과 거리의 풍경이 좋았다. 아주 편하게 느껴졌다. 충동적으로 이주를 결정했다. 살아보니 잘 왔다는 생각이 든다고 한다. 사진작가들에게 군산은 모두가 작업 현장, 영감의 장소인가 보다.

군산에는 대중예술인이 계속 모여든다. 친구를 보려고. 술 한 잔 마시려고. 쉬었다 가려고. 영감을 얻으려고. 이유는 다양하다. 공통점이 있다. 군산에서 살고 싶어 한다. 군산으로 오는 방법을 연구하고 있다. 동료의 조언을 듣고 간다. 문화예술관광의 도시를 꿈꾸는 군산에 좋은 소식이다.

군산시는 예술인을 위해 다양한 지원책을 구상하고 있다. 시내의 빈 상가를 창작 공간으로 제공할 계획이다. 예술인의 편안한 작업실이 만들어진다. 불 꺼진 상가에 빛의 화려함이 반짝이게 된다. 도시 활성화에 좋은 방안이다.

군산은 이방인의 도시다. 열려있는 도시다. 마음이 푸근한 도시다. 외지인을 배척하지 않는다. 누구나 받아들인다. 한 번 발 디디면 떠나지 못하는 도시다. 예술인이 딱 살기 좋은 도시다.

5
CHAPTER

군산,
다섯번째 이야기

산해진미가 풍부한

군산의 음식

군산은 미각의 도시다. 맛의 향연을 즐길 수 있다.
싱싱한 생선. 신선한 채소 맛깔스러운 손맛. 종류도 다양하다. 군산에 가면 아주 편하다. 맛집을 고를 필요가 없다. 어디를 가도 맛있다. 발 닿는 곳이 맛집이다.

맛만 있는 것이 아니다. 푸짐한 반찬. 넉넉한 인심. 정감 어린 대화. 먹는 사람의 기분이 좋아진다. 한·중·일 3국의 전통 요리도 즐길 수 있다.

군산은 아픈 도시다. 아픈 만큼 먹거리도 발달했다. 서민 음식이 다양하다. 값싸고 배불리 먹을 수 있다. 여행도 즐거워진다. 아름다운 추억도 만들 수 있다. 여행의 목적이 무엇인가. 좋은 것 많이 보고, 맛있는 것 많이 먹는 게 아닌가. 문화와 예술을 함께 즐기면 금상첨화다. 군산은 여행의 3대 조건을 모두 갖췄다. 산해진미를 맛보고 싶은가. 옛 정취를 느끼고 싶은가. 때 묻지 않은 자연을 걷고 싶은가. 문화 예술에 흠뻑 빠지고 싶은가. 떠나라! 관광의 도시 군산으로.

수제맥주의 성지를 꿈꾸는
군산수제보리맥주

보리에서 맥주까지. 상품명은 '군산맥주'. 군산시가 대한민국 대표 '수제보리맥주 도시'로 조성된다. 수제보리맥주의 메카로 탄생한다. 100% 국산보리로 수제맥주를 생산한다. 도시브랜드로 창출된다. 군산수제보리맥주. 이름이 낯설다. 낯설 만도 하다. 아직은 신생아다. 걸음마도 못 뗐다. 이제 막 탄생했다. 2021년에 출시한다. 군산시의 야심작이다. 반가운 일이다. 군산에는 질 좋은 보리가 생산된다. '흰찰쌀' 보리다. 군산시의 자랑이다.

보리는 친환경 농작물이다. 겨울에 자라 병충해가 없다. 생명력이 강하다. 농약을 거의 사용하지 않는다. 건강식이다. 아쉽게도 소비가 부진하다. 군산시는 보리를 맥주 원료로 전환했다. 술은 100% 농업이다. 맥주는 보리와 물. 와인은 포도. 술의 원료는 농산물이다. 농업발전을 위해서는 술 산업을 키워야 한다. 기발한 아이디어였다. 발상의 전환이었다. 농업인도 반겼다. 시 정책에 적극적으로 호응했다. 맥주용 보리생산에 적극적으로 뛰어들었다. 맥주용 보리전용재배단지 35ha를 조성하고 있다.

군산 수제보리맥주는 어떻게 탄생할까. 국산 맥아를 사용해 만든다. 보리에서 맥아, 수제맥주 생산까지. 일괄생산 체제를 갖췄다. 국내 최초다. 친환경 원료로 깊은 맛을 낼 수 있다. 국내에는 150여 개의 수제맥주제조회사가 있다. 대부분 수입 맥아를 사용한다. 군산시는 자체 생산 맥아를 다른 지역 업체에도 공급할 계획이다. 수제맥주의 활성화를 위해서다. 상생의 정신이다.

수제맥주 시장은 성장 잠재력이 크다. 미국은 자국 생산 수제맥주 점유율이 23%

군산수제보리맥주공장 내부전경

에 이른다. 유럽은 20%다. 한국은 2%밖에 안 된다. 성장 가능성이 높다. 무궁무진 하다. 2020년 국내 맥주시장 판매액은 약 5조 원에 달했다. 수제맥주 판매액은 대략 1,000억 원에 이르렀다. 전년보다 50% 이상 증가했다. 소비도 기하급수적으로 늘어날 전망이다. 5년 뒤에는 국내 맥주 시장의 10%를 차지할 것으로 보인다. 판매액은 5,000억 원에 이를 것으로 보인다. 맥주시장이 더 늘어나면 수제맥주 매출액도 늘어나게된다. 군산시는 국내 수제 맥주시장의 왕좌를 차지하기 위해 과감한 지원책을 펼치고 있다. 군산 수제보리맥주의 세계진출도 가능해 보인다. 시의 발빠른 정책에 찬사를 보낸다.

군산수제보리맥주

군산은 술과 인연이 깊은 도시다. '백화양조'가 있었다. 대표상품이 백화양조 수복이었다. 깔끔한 맛의 청주였다. 전 국민의 사랑을 받았다. 명절에 최고의 선물이었다. 베리나인골드. 국내 최초의 양주였다. 부유층 애주가들이 즐겨 찾았다. 지금도 애주가들 사이에 회자하는 술이름이다. 그때 그 맛을 놓고.

요즘의 술은 위상이 바뀌었다. 술은 음식에 머물지 않는다. 기호식품이 아니다. 한 단계 뛰어올랐다. 술은 관광 상품이다. 무한한 소비력을 갖고 있다. 국가의 브랜드로 자리 잡았다.

군산시는 년 12만 리터의 수제맥주 생산 능력을 갖췄다. 2021년 첫해에는 10만 리터를 생산할 계획이다. 다양한 입맛에 맞게 16종류를 생산할 계획이다. 홍보를 위해 맥주 생산과정을 체험할 시설도 갖췄다. 시음장도 개설했다. 째보선창가에 있다. 9월에는 '수제맥주 페스티벌'을 개최할 계획이다. 18만 명 이상 올 것으로 예상한다. 축제 기간 중에는 6월에 생산한 햇보리 수제맥주를 맛볼 수 있다. 바다를 바라보며 마시는 군산 수제보리맥주. 상상만 해도 즐겁다. 입맛이 다셔진다. 침이 고인다. '군산 수제 보리맥주.' 군산 관광의 견인차가 될 전망이다.

줄 서지 않고 먹을 수 있는
군산 보리짬뽕라면

군산은 짬뽕이 유명하다. 짬뽕을 먹으러 전국에서 식객(食客)이 몰려든다. 줄을 서서 기다린다. 군산의 명물이 됐다. 먹어 본 사람은 다시 찾고 싶어 한다. 어려움이 있다. 시간과 돈이 따르지 않는다. 군산에 짬뽕을 먹으러 가기에는 시간이 부족하다. 짬뽕 값보다 교통비가 몇 배 나온다. 시가 아이디어를 냈다. 짬뽕 맛을 내는 라면을 개발했다. 2020년 1월에 출시했다. 군산원예협동조합과 협업을 했다. '군산짬뽕라면.' 반응이 좋다. 출시 8개월 만에 105만 개가 팔렸다. 미국 캐나다에서 주문이 쏟아졌다. 백화점과 국내 유명 편의점에 납품도 했다. 관광객도 로컬푸드점에 들리면 어김없이 사 간다. 소비자가격은 1,800원이다. 조금은 비싼 편이다. 그래도 주문이 끊이지 않는다. 서울 등 수도권에서 주문이 늘고 있다.

젊은이에게 인기가 있다. 이유가 있다. 믿고 먹을 수 있어서다. 재료부터 다르다. 면에 보리가 25% 들어간다. 군산의 명품 '흰찰쌀' 보리다. 보리를 더 넣으려 했지만 어려움이 따랐다. 쫄깃한 면발을 살릴 수 없었다. 군산시는 라면의 질을 높이기 위해 연구에 돌입했다. 수프에는 국내산 꽃새우를 첨가했다. 군산의 맛을 살리려 노력했다. 앞으로는 면의 주원료인 밀을 국내산으로 쓴다는 계획이다. 코로나 시대에 맞춰 건강식으로 만들기 위함이다. 친환경 식품을 제공하겠다는 의지다.

군산짬뽕라면은 봉지면만 생산했다. 지금은 컵라면과 불짬뽕 등 상품도 다양화했다. 또 다른 계획이 있다. 군산의 유명 짬뽕집을 통한 생산이다. 군산에는 유명 짬뽕집이 많다. 그 집의 비법을 담아 짬뽕라면을 생산할 계획이다. 해당 식당 상호도 그대로 사용하게 된다. 조만간 군산 짬뽕라면이 식도락가들의 입맛을 점령할 전망이다.

군산 보리짬뽕라면

종류도 다양한
생선탕

군산은 생선이 풍부하다. 종류도 다양하다. 싱싱하다. 자연스럽게 생선요리가 발달했다. 특히 '탕요리'가 많다. 우럭탕, 대구탕, 조기탕 등등. 이름만 들어도 입맛이 돋는다. 다른 지역에서도 이런 탕은 맛볼 수 있다. 탕은 지역마다 특성이 있다. 지역마다 조리법이 다르다. 군산은 탕 문화가 발달했다. 어민들이 많이 찾았다. 부둣가에 음식점이 많았다. 힘든 뱃일을 끝낸 어민들이 소주 한 잔과 함께 먹었다. 뜨거운 국물과 함께. 군산 탕의 특징은 무얼까. 맵고 칼칼하다. 맑은 탕을 보기 어렵다. 뜨거운 뚝배기에 나온다. 처음 맛이 끝까지 유지된다. 대체로 1인분씩 손님상에 오른다. 군산에는 특이한 탕이 있다. 다른 지역에서 먹기 힘든 탕이다. 붕장어·서대·물메기탕이다.

붕장어와 물메기는 비늘이 없다. 일반인은 비늘 없는 생선을 매운탕으로 먹지 않는다. 군산에서는 이런 생선으로 탕 요리를 개발했다. 부둣가 어민이 즐겨 먹었다. 해장용으로 최고였다. 밤바다를 헤쳐 온 피로를 싹 풀어줬다. 공통점이 있다. 탕에 무가 반드시 들어간다. 국물을 시원하게 해준다.

붕장어는 '아나고'로 더 알려져 있다. 일본식 발음이다. '으쌰'도 일본말이다. '영차'가 맞다. 생활 속에 파고든 일제의 잔존이다. 작은 것부터 고쳐 나가야 한다. 붕장어탕은 고소하고 담백하다. 고춧가루를 넣는다. 국물이 개운하다. 영양도 풍부하다. 군산의 식당에서도 파는 집이 별로 없다. 전통의 맛이 사라져가고 있어 아쉽다. '째보선창' 앞 중앙식당 등 몇 곳이 옛 맛을 지키고 있다.

물메기탕은 겨울에 인기다. 선원이 많이 찾는다. 살이 부드럽다. 무와 고춧가루가 필수 양념이다. 시원한 국물 맛에 먹는다. 요리할 땐 정성이 들어가야 한다. 생물로 끓이면 살이 풀어진다. 반건조를 시켜야 한다. 그래야만 살이 꼬들꼬들해져 좋은 식감을 얻을 수 있다.

서대탕도 별미다. 서대는 요즘 귀한 생선이 됐다. 생선에 살이 많다. 가시도 별로 없다. 발라 먹기 편하다. 살이 쫄깃쫄깃하다. 식감이 좋다. 시원한 국물 맛이 일품이다. 재료도 풍부하게 들어간다. 무와 함께 다양한 채소를 넣는다. 민물새우도 국물 맛을 더해준다.

서대탕

아귀탕도 있다. 얼큰하게 나온다. 군산식이다. 아귀는 1950~60년대에 어민들이 푸대접한 생선이다. 지금은 귀한 대접을 받는다. 이런 아귀를 군산의 한 요리사가 탕으로 개발했다. 전국으로 퍼져 나갔다. 어느새 '국민 해장국'이 됐다.

군산의 생선탕 집은 꽃게장도 내준다. 서해에는 꽃게가 많이 잡힌다. '광에서 인심 난다'고 한다. 풍부한 인심이 밥상을 즐겁게 한다. 생선탕은 추억의 음식이다. 섬 아이들의 영양식이었다. 매운탕의 참맛을 느끼고 싶은가. 군산의 생선탕 집을 기웃거려 봐라.

실향민이 즐겨 먹던
군산 냉면

군산에 가면 냉면을 먹어라. 색다른 맛을 느낄 수 있다. 무슨 얘기인가. 군산에서 냉면이라니. 고개를 갸우뚱거릴 것이다. 머뭇거릴 수도 있다. 이런 선입견은 버려라. 먹어보면 반할 것이다. 자주 먹고 싶어질 게다.
냉면은 크게 두 가지로 나뉜다. 함흥냉면과 평양냉면이다. 쉽게 구분이 된다. 함흥식은 비빔냉면이다. 평양식은 물냉면이다. 냉면은 북한에서 전래했다. 북한에서 즐겨 먹었다. 겨울 음식이다. 국물에 얼음을 동동 띄어 먹었다. 추위는 추위로 이기려 했다. 일종의 이한치한(以寒治寒)이었다. 추위에 몸을 떨어가며 먹었다. 그 맛에 중독성이 있다.

군산의 냉면은 평양식이다. 전통 평양식 냉면과 비슷하다. 군산 냉면은 왜 맛있을까. 평양식의 본래 맛을 간직하고 있다. 군산에는 피난민이 많다. 1·4후퇴 때 5만여 명의 피난민이 군산에 왔다. 서해안을 따라 내려왔다. 그중 2만5천여 명이 군산에 정착했다. 황해도에서 내려온 피난민이 많았다. 고향 음식이 먹고 싶었다. 냉면을 해 먹었다. 평양식 냉면이었다.

군산 냉면의 가장 큰 특징은 육수에 있다. 육수가 붉은색이다. 보통 냉면의 육수는 맑은 흰색이다. 육수부터 다른 지역 냉면과 차이가 난다. 국물 색깔이 신기하다. 왜 그럴까. 간장으로 간을 맞춘다. 전통 간장을 사용한다. 집에서 담근 간장이다. 조선간장이라고도 한다. 일반 양조간장으로는 간을 맞출 수 없다. 맛도 낼 수 없다. 색깔도 제대로 나지 않는다. 육수에 또 다른 비법이 있다.

원래 평양식 냉면은 꿩이나 닭으로 육수를 낸다. 군산 냉면은 육수 재료가 바뀌었

군산 냉면

다. 닭·소·돼지고기를 푹 삶는다. 4시간은 족히 끓인다. 육수에 고기 맛이 흠뻑 배어있다. 육수 맛이 진하다.

군산의 냉면은 보기에도 좋다. 육수에 배, 오이, 무김치, 깨 등이 섞여 나온다. 색깔이 조화를 이룬다. 갈비 양지와 닭고기가 면 위에 놓인다. 푸짐해 보인다. 보기만 해도 식욕이 돋는다. 군산에는 전통 평양식 냉면집이 몇 군데 있다. '뽀빠이냉면'이 유명하다. 오래된 집이다. 1954년에 문을 열었다. 테이블 2개로 시작했다. 정신국 할머니가 창업했다. 황해도 출신 실향민이다. 끼니를 해결하기 위해 문을 열었다. 싸고 푸짐하게 냉면을 내놓았다. 손님이 계속 찾아왔다. 가게는 번창했다. 군산의 대표 음식점이 됐다. 며느리가 물려받았다. 지금은 며느리의 아들이 비법을 전수받고 있다. 3대째 가업을 물려받고 있다.

냉면집마다 요리법은 다르다. 그래도 공통점이 있다. 고향의 맛을 지키려 애쓰고 있다. 실향민의 고향을 그리는 마음이 담겨있다.

임금님 상에 오르던
울외장아찌

임금님이 먹던 음식이다. 군산의 특산물이다. '울외'는 군산에서 많이 재배한다. 성산면이 '울외장아찌' 특화 마을로 조성돼 있다. 인근 도시에서도 생산한다. 정읍에서도 나온다. 전라북도를 제외한 지역에서는 생소한 식물이다. 울외는 박과에 속한다. 한해살이 덩굴식물이다. 모양이 특이하다. 박과 오이 참외를 두루 닮았다.

울외장아찌는 밑반찬으로 사랑받고 있다. 모든 음식과 궁합이 잘 맞는다. 개운하고 단맛이 난다. 새콤달콤 아삭아삭한 맛이다. 여름철 입맛 돋우는데 제격이다. 물 말은 밥에 울외장아찌만 있어도 한 끼가 해결된다. 더위를 날리는데도 한몫을 한다. 무기질, 섬유소, 비타민 등 영양소가 많다. 여름철 땀을 많이 흘리는 사람에게 좋다. 조리법도 간단하다. 울외에 묻어있는 지게미를 씻어내기만 하면 된다. 그대로 잘라서 먹으면 요리 끝이다. 식성에 따라 참깨, 기름 등 양념을 넣어서 먹어도 된다. 다양한 맛을 즐길 수 있다.

울외장아찌는 군산의 술과 연결된다. 청주를 만들고 남은 술지게미에 담근다. 2~3개월 숙성시킨다. 술맛이 나기도 한다. 오래 숙성할수록 색깔이 진해진다. 군산에는 유명한 청주 공장이 있었다. 백화수복이었다. 울외장아찌를 만들기에 적합했다.

울외장아찌는 삼국시대 때부터 먹기 시작한 것으로 전해진다. 부유층에서 담가 먹었다. 밥상의 별미로 인정받았다. 백제시대에는 임금님 밥상에 올랐다. 절임 문화가 발달한 일본으로 전파됐다. 나라(奈良) 지역으로 건너갔다. 나라 지역의 특산물로 자리 잡았다. 지금의 '나라즈케(ならづけ)'다. 나라쓰끼, 나라스키, 나나스케로

울외장아찌

도 불린다. 원래 이름은 나라즈케다. 나라즈케는 일본의 대표적 장아찌로 명성을 얻고 있다.

울외장아찌는 특유의 맛이 있다. 나라즈케에 비해 조금도 손색이 없다. 홍보마케팅이 필요하다. 한국의 울외장아찌가 세계의 울외장아찌로 거듭날 수 있다.

서해안의 특산물
박대

'박대'는 서해안에서 주로 서식한다. 서대과의 어종이다. 군산 태안반도에서 많이 잡힌다. 예전처럼 흔하지는 않다. 불법 어업으로 어획량이 줄었다. 새끼를 남획한 결과다. 군산시는 박대 산업 육성에 힘쓰고 있다. 박대는 먹기에 편하다. 살이 통째로 찢어진다. 가시발림도 없다. 회로는 안 먹는다. 식감이 안 좋아서다. 주로 구워 먹고 쪄서 먹는다. 탕으로도 잘 먹지 않는다. 박대는 살이 찰지다. 부서지지 않는다. 생선구이로 먹기에 제격이다. 구운 살을 고추장에 찍어 먹으면 별미다. 군산에서는 아이들 도시락 반찬으로 많이 싸줬다. 추억의 음식이다. 쪄서 먹어도 좋다. 담백한 맛에 거부감도 없다. 매콤한 맛이 생각나면 조림으로 해 먹어도 좋다. '박대식혜'도 별미를 선사한다.

박대의 원래 명칭은 '대박'이다. 정말일까. 그럴 수도 있고 아닐 수도 있다. 우스운 얘기가 전해진다. 옛날 어느 어부가 고기잡이에 나섰다. 그물에 볼품없는 생선이 잡혔다. 몸과 머리가 납작했다. 모양은 타원형이었다. 입과 눈이 바늘구멍같이 작았다. 두 눈은 몸 왼쪽으로 몰려있었다. 어부는 집에서 먹을 방법을 궁리했다. 쪄서 먹고 구워 먹고 졸여서도 먹어봤다. 껍질로 묵을 쒀서 먹어 보기도 했다. 모든 맛이 천하일품이었다. 어부는 자기도 모르게 소리를 질렀다. 대박이라고. 생선 이름을 대박이라고 지었다. 어부는 욕심이 생겼다. 이 생선을 혼자만 먹고 싶었다. 다른 사람들이 알까 두려웠다. 생선 이름을 거꾸로 지었다. 박대라고. 그래서일까. 사람들은 이 생선에 관심을 두지 않았다. 어부는 속으로 쾌재를 불렀다. 어부의 작명 솜씨가 뛰어났다. 선견지명이 있었던 걸까. 박대는 지금 값비싼 생선이다. 귀한 대접을 받고 있다. 박대는 '수궁가 판소리'에도 등장한다. 한림원(翰林院) 학사로 묘사된다. 영리한 고기로 분류된다.

박대

박대는 부담 없이 먹을 수 있다. 열량이 낮고 비린내가 거의 없다. 건강식으로 인기를 끌고 있다. 다른 지역에서는 먹기가 쉽지 않다. 못생긴 박대가 군산의 별미로 떠올랐다. 군산시는 '황금박대' 브랜드 지원 사업을 펼치고 있다.

창업주의 자비심이 담긴
이성당 단팥빵

'이성당(李盛堂)' 빵에는 자비심이 담겨있다. 창업주의 사랑이 녹아있다. 배고픈 사람의 허기를 채워줬다. 이성당은 1945년 오남례 할머니가 창업했다. 창업 75년이 넘었다. 오남례 할머니는 독실한 불교 신자였다. 안타깝게도 10년 전에 돌아가셨다. 76세의 정정한 나이에. 오남례 할머니는 주위 사람들에게 자비를 베풀었다. 가게 앞에 노점상이 많았다. 하루가 고달픈 노인이 대부분이었다. 그들에게 빵과 우유를 건넸다. 하루도 빠짐이 없었다. 매일같이 무료로 나눠줬다. 노점상들의 한 끼를 해결해 줬다. 빵과 우유를 주며 꼭 한마디씩 했다. 배고프면 언제든 가게에 와서 빵을 가져가라고. 노점상들은 용기를 얻었다. 살아야겠다는 의지가 생겼다. 자신들의 든든한 후원자가 생겨서.

할머니의 자선은 여기서 멈추지 않았다. 고아원과 양로원에 팔다 남은 빵을 보냈다. 팔다 남은 빵은 절대 다음날 팔지 않았다. 고객에 대한 신조였다. 자비와 신용을 함께 실천한 것이다.

이성당의 역사는 일제 강점기로 거슬러 올라간다. 1910년 일본인 '히로세 야스타로'가 처음 문을 열었다. 이즈모야(出雲屋)라는 과자점으로 문을 열었다. 해방되자 오남례 할머니 부부는 이 가게를 인수해 직접 운영하기 시작했다. 인수와 함께 정직과 신용으로 고객의 사랑을 받았다. 오남례 할머니의 무한한 자비심이 빛을 발했다. 군산의 대표음식이 됐다.

이성당 단팥빵의 인기는 무얼까. 단팥빵에 팥앙금이 많이 들어간다. 팥앙금을 많이 넣을 수 있는 여건이 만들어져서다. 싼값에 팥앙금을 공급받고 있다.

이성당은 팥앙금 회사를 별도로 운영한다. 1983년에 설립했다. 규모가 대단하다. 국내 팥 소비량의 70%를 이곳에서 공급한다. 전국에 60개의 대리점이 있다.

이성당 단팥빵

이성당 단팥빵은 이제 군산의 브랜드가 됐다. 전국 각지에서 관광객이 모여든다. 명소가 됐다. 관광객이 줄을 선다. 단팥빵을 맛보기 위해서. 이성당은 군산을 벗어나 전국으로 뻗어 나갔다. 롯데백화점, 신세계백화점 등에 지점을 냈다. 전국에서 하루 3~4만 개의 빵이 팔리고 있다. 2019년 매출액이 223억 원에 이르렀다. 이성당은 2020년 8월에 '백년가게'로 선정됐다.

이성당 단팥빵은 우리에게 교훈을 준다. 장사는 돈을 버는 것이 아니다. 같이 살아가기 위함이다. 버는 만큼 베풀어야 한다. 베풀면 다시 돌아온다. 창업주 오남례 할머니는 단순한 진리를 실천하고 돌아가셨다. 이성당은 아들이 인수한 뒤 크게 번창했다. 아들은 어머님 음덕을 고마워하고 있다.
이성당 단팥빵은 유난히 달콤하다. 왜 그럴까. 오남례 할머니의 자비심이 스며들어서가 아닐까.

맛 좋고 역사도 긴
짬뽕

군산 '짬뽕'은 유명하다. 맛이 좋아서다. 다른 지역 짬뽕과 맛이 다르다. 이유가 있다. 우선 역사가 길다. 군산에는 일찍부터 중국인이 많이 살았다. 임오군란(壬午軍亂·조선 고종 때 구식군대가 일으킨 군란) 때 이주해 왔다. 당시만 해도 1,500여 명이 살았다. 한국·중국·일본인이 뒤섞여 살았다.

중국인은 면 요리를 개발했다. 한국인 입맛에 맞춰 만들었다. 해산물을 이용했다. 짬뽕이었다. 군산은 짬뽕을 만들기에 최고의 장소였다. 싱싱한 해산물이 많았다. 종류도 다양했다. 값싸게 살 수 있었다. 해산물이 듬뿍듬뿍 들어갔다. 아낌없이 쏟아 넣었다. 군산은 농경지가 넓다. 채소도 풍부했다. 해산물과 채소의 조화가 이뤄졌다. 중국인의 손맛이 더해졌다. 얼큰하게 만들었다. 한국인의 입맛에 딱 맞았다.

새로운 맛이 탄생했다. 값도 저렴했다. 부담 없이 먹을 수 있었다. 손님이 늘어났다. 전국으로 소문이 났다. 관광객이 모여들었다. 군산 짬뽕 맛을 보기 위해. 지금도 짬뽕집에는 길게 줄을 선다. 식사 시간과 구분이 없다. 짬뽕을 먹으려고 식사 시간을 건너뛴다.

여기저기 짬뽕집이 들어섰다. 현재 160여 개의 짬뽕집이 있다. 골목골목마다 짬뽕집을 볼 수 있다. 가게마다 맛이 다르다. 그들만의 비법으로 짬뽕을 만든다. 소문 난 잔치에 먹을 게 없다고 한다. 군산 짬뽕은 그렇지 않다. 소문 난 만큼 맛이 있다. 소문보다 더 맛있다. 짬뽕은 군산의 대표 음식이 되었다. 군산시는 짬뽕의 브랜드화에 힘쓰고 있다. 국내 최초로 짬뽕거리도 조성했다.

군산 짬뽕

6
CHAPTER

군산,
여섯번째 이야기

값싸고 맛있는
군산의 맛집

여행의 목적이 무엇인가. 견문을 넓힐 수 있다. 멋진 풍경을 보게 된다. 낯선 사람을 만난다. 새로운 풍습을 경험할 수 있다. 모든 것이 신기하다. 모두가 삶에 도움이 된다. 귀중한 자산이 된다. 여행이 주는 선물이다. 그런 여행을 하려면 꼭 필요한 것이 있다. 금강산도 식후경이라 했다. 배가 불러야 한다.

먹는 것이 중요하다. 맛있는 음식을 먹으면 더욱 좋다.
먹으려면 돈이 든다.
돈이 많으면 문제가 안 된다.
편하게 여행을 할 수 있다.

좋은 곳에서 자면 된다.
비싼 음식을 먹으면 된다.
돈이 풍족하지 않으면 어찌할까.
경비를 아껴야 한다. 고생해야 한다.

그러면서 여행의 즐거움을 맛보게 된다.
그럴 때 여행의 기쁨을 더해주는 것이 있다.
값싸고 맛있는 집이다.

군산은 관광의 도시다. 여행객의 발길이 멈추지 않는다. 미각의 도시다. 음식이 맛있다. 인심이 좋다. 한 상 가득 반찬을 내놓는다. 값도 싸다. 여행객의 배고픔을 달래준다. 집 떠난 고달픔을 씻어준다. 군산에는 그런 집이 많다. 값싸고 맛있는 집. 인정이 넘치는 작은 맛집을 알아본다.

만 원의 행복을 느낄 수 있는
홍집

할머니의 정이 흘러넘친다. 인심 좋은 맛집이다. 오랜 세월 한자리를 지켜왔다. 40년이 넘는다. 주인 '송정아(75)' 할머니의 손맛이 한결같다. 군산 현지인이 많이 찾는다. 외지 손님도 많이 온다. 단골손님이 많다. 서울에서 당일치기로 왔다 간다. '홍집'의 맛을 못 잊어 내려온다. 할머니의 정이 그리워 온다.

여자 친구끼리 와서 수다를 떨다 간다. 할머니에게 응석을 떤다. 할머니는 손녀 같이 대해준다. 곁에서 보고만 있어도 정이 넘친다. 웃음이 절로 나온다. 막걸리 한

군산맛집 홍집

잔이 들어갈 때마다 목소리가 커진다. 외갓집에 놀러 온 분위기다. 막차 시간이 다가오나 시계를 자꾸 쳐다본다. 떠나는 발걸음에 아쉬움이 넘친다. 못내 돌아서며 할머니를 껴안는다. "할머니 건강하세요. 다음에 또 올게요." 아쉬움만 있는 게 아니다. 다시 만날 희망이 있다.

홍집은 신영시장(新榮市場) 안에 있다. 가게가 작다. 자리가 비좁다. 테이블이 3개밖에 없다. 주인 할머니가 쉬는 온돌에 테이블이 한 개 더 있다. 비상용 테이블이다. 다해봐야 4개다. 자리는 언제나 모자란다. 자리가 없을 때는 조리대에 서서 먹는다. 선술집에서 마시는 기분이다. '선술집'의 원래 뜻은 '서서 먹는다'는 뜻이다. 아침 10시에 문을 연다. 저녁 8시에 닫는다. 대낮에도 손님이 줄을 선다. 홍집만의 매력이 있어서다.

값이 싸다. 막걸리 한 주전자에 만 원이다. 안주 값은 안 받는다. 공짜 안주라고 무시하지 마라. 안주가 풍부하다. 한 상 가득 안주가 깔린다. 기본으로 12가지가 나온다. 질은 상상을 초월한다. 소라, 병어회, 꽃게, 꼬막, 자연산 생굴. 조기매운탕, 홍어 등 싱싱한 해산물이 풍부하다. 철에 따라 안주가 바뀐다. 안주가 떨어지면 끊임없이 채워 준다. 주인할머니는 반찬 가짓수를 세지 않는다. 그날그날 좋은 재료로 안주상을 꾸민다. 손님에 대한 정성이 대단하다. 할머니는 하루를 일찍 시작한다. 좋은 재료를 구하기 위해서다. 시장 안을 일찍부터 돌아다닌다. 장바구니를 가득 채운다. 손님에게 배부름을 선사하기 위해서다. 할머니의 체력이 힘에 부칠 만도 하다. 그래도 괜찮다고 한다. 젊어서부터 한 일이라 습관이 됐다고 한다. 손님이 맛있게 먹고 가면 된단다. 배불리 먹으면 행복을 느낀다고 한다. 바람이 있다. 한 번 왔던 손님이 계속 오길 바라고 있다. 코로나19로 힘든 시기에 작은 힘이 됐으면 한다. 할머니의 소박함이 별처럼 빛난다.

'만원의 행복'을 누릴 수 있는 홍집. 군산의 인심을 느낄 수 있다. 군산의 맛에 흠뻑 빠져든다. 배부름의 만족감을 만끽할 수 있다. 여행의 참맛을 느낄 수 있다. 주머니 걱정을 훌훌 털어버릴 수 있다.

싼값으로 한우갈비를 맛볼 수 있는
뽀빠이 갈비

한우 소갈비는 값이 비싸 먹기 힘들다. 서민에겐 부담이다. 예로부터 그랬다. 지체 높은 양반 집에서나 먹었다. 예나 지금이나 갈비는 귀한 음식이다. 돈이 많아야 먹을 수 있다. 이런 갈비를 값싸게 먹을 수 있는 집이 있다. '뽀빠이갈비집'이다. '뽀빠이냉면집' 큰아들이 운영한다. 2013년에 개업했다. 고기의 질이 좋다. 믿을 수 있다. 순수 100% 한우갈비. 가격이 놀랄 만큼 싸다. 180g갈비 1대에 19,000원이다. 일반 갈빗집과 비교해도 매우 저렴한 가격이다. 개업 첫해에는 14,000원을 받았다. 물가 상승으로 어쩔 수 없이 가격을 올렸다.

뽀빠이갈비집 가격은 왜 이리 쌀까. 이 집의 특징이 있다. 주인이 직접 갈비를 사 온다. 충북 음성 도축장에서 일주일치 갈비를 받는다. 중매인에게 직접 산다. 육가공 공장에서 나오는 갈비는 맛이 다르다. 좋은 갈비를 사려고 무진 노력을 한다.
갈비는 주인 김태완 씨가 직접 손질을 한다. 인건비를 줄이기 위해서다. 요리 방법도 달리했다. 손님이 직접 볼 수 있게 주방을 열어 놨다. 손님 앞에서 직접 갈비를 발라낸다. 손님은 신뢰감을 느낀다. 갈비 맛을 좋게 하려고 여러 살을 섞는다. 살치·꽃갈비·늑간·안창살·마구리살을 모두 섞는다. 각 부위별로 해체해 섞는 힘든 작업이다. 섞인 살을 갈비에 혼합한다. 부드러움을 더해준다. 갈비 맛이 혀를 녹인다.

뽀빠이갈비는 양념을 재어 놓아도 맛의 변함이 없다. 양념 배합이 비책이다. 양념은 간장과 각종 과일의 배합이 중요하다. 문제는 간장이다. 조선간장과 양조간장을 섞는다. 조선간장은 매년 담근다. 조선간장의 맛이 매년 다르다. 그때마다 맛의 변화에 대처해야 한다. 지금도 변함없는 맛을 유지하는 이유다. 언제나 90% 이상

뽀빠이 갈비

은 맛을 잡고 있다. 100% 맛을 유지하려고 노력하고 있다. 새로운 맛을 만드는 것보다 옛 맛을 지키는 게 어렵다. 유혹을 떨치는 것도 힘들다. 가격을 더 올리라는 유혹이 많다. 주인은 이미 그런 유혹을 떨쳐 버렸다.

뽀빠이갈비는 거의 쉬지 않는다. 설날과 추석만 쉰다. 갈비가 떨어지는 날은 장사를 못 한다. 그날 준비한 물량만큼만 판다. 이른 날에는 오후 6~7 사이에 갈비가 떨어진다. 값싸고 맛있는 한우 소갈비를 먹으려고 쟁탈전을 벌인다.

주인의 갈빗집 창업 동기가 특이하다. 할머니가 해주신 맛이 그리워서다. 할머니는 장손인 주인에게 맛난 음식을 해줬다. 그때 그 맛이 그리웠다. 많은 연구를 했다. 현재도 꾸준히 노력하고 있다. 취미가 갈빗집 투어다. 전국의 유명 갈빗집을 다니고 있다. 그 가게의 맛 변화를 알기 위해서다. 1년에 2번 정도는 일본을 방문한다. 일본의 장맛을 알아보고 있다. 정보를 알아야 변화를 이끌 수 있다는 생각이다.

뽀빠이갈비는 여행에 지친 입맛을 살리기 좋은 집이다. 얄팍한 주머니에도 들러볼만한 장소다.

엄마의 손맛
맛있는 우리지빱

여행 중에 생각나는 게 있다. 집밥이다. 엄마가 차려준 밥상이다. 정성이 들어가 있어서다. 이런 밥을 여행 중에 먹을 수 있다. 여행객만 찾는 게 아니다. 현지인도 많이 찾는다. 외국 손님도 단골로 온다. 프랑스 교수는 매일 같이 출근한다. 고객이 다양하다. '우리지빱'이다. 이름이 특이하다. 우리집밥이 아니다. 우리지빱이다. 지인이 지어줬다고 한다. 개업한 지 5년이 됐다. 원래 장사가 안 되던 장소였다. 분위기를 바꾼 후 성황이다. 주인 김정임(54) 씨의 노력이 컸다. 성실과 친절로 소문이 났다.

우리지빱

우리지밥 가게 내부에 가득한 감사글

주인은 9살부터 밥을 했다. 가난한 집안 살림을 거들었다. 14살부터 생활전선에 뛰어들었다. 식당·치킨집·합판회사·하숙집 등 닥치는 대로 일을 했다. 돈을 벌기 위해 악착같이 살았다. 중학교 진학도 포기했다. 부모님을 돕기 위해서다. 주인의 신조가 있다. 음식은 정성이 들어가면 맛이 있다. 정성스레 차려서 친절하게 대접한다. 주인의 마음을 읽을 수 있다.

이름만큼 분위기도 특별하다. 가족 같은 분위기다. 손님에게 정성을 다한다. 주인과 종업원 모두 친절하다. 음식은 국 포함 12가지가 나온다. 반찬은 매일 바뀐다. 손님의 건강을 위해 조미료는 되도록 적게 쓴다. 구수한 숭늉도 제공한다. 여름에는 제공을 안 한다. 숭늉이 상해서다.

가격도 적당하다. 7,000원이다. 여행객의 주머니에 부담을 안 준다. 원래는 6,000원이었다. 2019년에 1,000원을 올렸다. 인건비와 재료값이 올라 어쩔 수 없었다. 손님의 양해를 구했다. 손님도 주인과 종업원의 친절에 보답한다. 벽에 낙서를 남기고 떠난다. 방과 홀의 벽에 낙서가 뒤덮여 있다. "잘 먹고 간다고. 맛이 정말 좋다고. 친절함에 감동 받았다고. 다시 오겠다고." 감사의 뜻을 표한다.

현재도 일본에 김치를 만들어 보낸다. 손님으로 왔던 재일교포가 주문한다. 우리 지빱의 김치 맛을 못 잊어 부쳐 달라고 한다. 아무 불평 없이 보내고 있다. 오히려 감사한 마음뿐이라고 즐거워한다.

주인은 시장에서 바쁜 이모로 소문나 있다. 새벽시장에 7시면 출근한다. 매일 좋은 재료를 사러 발품을 판다. 11시부터 손님을 받는다. 휴식 시간이 없다. 배고픈 사람에게 언제나 음식을 제공하고 싶어서다. 종업원의 도움이 있어 가능한 일이다. 혼자 온 손님도 어김없이 받는다. 혼자 사는 오빠 생각에 더욱 친절하게 대한다.

하루 손님이 150명은 된다. 주말에는 더 많다. 코로나19로 요즘은 타격을 받고 있다. 주인의 얼굴은 그래도 밝다. 외지 사람이 배불리 먹으며 맛있다고 할 때 보람을 느낀다. 애로점도 있다. 노력한 만큼 수익이 따르지 않는다. 정말 힘들게 음식을 장만한다. 매일 반찬을 바꾸는 어려움이 크다. 주인은 이런 어려움에도 흔들리지 않는다. 착한 가격을 지키겠다고 한다. 역사는 짧지만 군산의 명소로 키우고 싶어 한다.

홍영장

화교가 운영하는 3대 명소
홍영장·빈해원·국제반점

군산에는 유명한 중국집이 있다. '홍영장·빈해원·국제반점'이다. 화교(華僑·혈통은 중국인이지만 해외 각처로 이주, 정착한 사람)가 운영하고 있다. 대를 이어 영업하고 있다. 옛 맛을 간직하고 있다. 전국적으로 유명하다. 관광객이 많이 들른다. 영화 '타짜'의 촬영지로도 유명해졌다. 유명세만큼 음식 맛도 좋다.

'홍영장(鴻英莊)'은 짜장면이 대표 음식이다. 1956년에 개업했다. 화교인 '서재문' 씨가 창업했다. 65년 전 같은 장소에서 계속 영업을 하고 있다. 현재는 아들이 운영하고 있다. 직접 주방에서 면을 뽑는다. 초창기에는 만두와 빵을 팔았다. 창업주가 짜장면을 만들었다. 창업주의 비법이 숨어있다. 맛이 좋다고 소문이 났다. 짜장면집으로 전환했다. 현지인의 단골 중국집이다. 외지인은 잘 모른다. 옛날 손님이

변혜원

계속 찾는다. 추억의 장소다. 평상시 못 보던 사람도 홍영장에 오면 만나게 된다. 이민 갔던 사람이 집에 가기 전에 들르는 음식점이다. 예전의 맛을 느끼기 위해 찾고 있다.

홍영장의 짜장면은 특색이 있다. 건강을 위해 신경 쓴다. 창업주의 정신이다. 면이 부드럽고 쫄깃하다. 소화가 잘된다. 이유가 있다. 배달을 하지 않아 면 강화제가 안 들어간다. 건강을 위해 설탕을 넣지 않는다. 쇼팅도 안 쓴다. 식용유를 100% 사용한다. 쇼팅은 혈관을 막는 요인이 된다. 조미료도 조금만 넣는다. 주인은 자신 있게 말한다. 다른 음식점의 15분의 1 정도만 쓴다고 한다. 최대한 재료 본연의 맛을 낸다. 홍영장의 짜장면은 우리 입맛에 맞는다.

광고도 안 한다. 인터넷 광고도 사절한다. 방송 출연도 사양한다. '백종원의 3대 천황'에 소개됐다. 주문이 밀렸다. 일손이 바빠졌다. 주인은 그 이후 절대 방송출연을 안 한다. 손님이 많으면 음식을 정성껏 못 만든다고 한다. 주인의 장인정신이

국제반점

투철하다. 어쩌면 이 책에 나오는 것도 싫어할 듯하다.

'빈해원(濱海園)'은 1952년에 개업했다. 군산내항 부근이었다. 군산내항의 옛 이름이 '빈정'이었다. 동네 이름에서 상호를 따왔다. 1970년대에 현재의 자리로 옮겨왔다. 현재 건물에서 50년 이상 장사를 하고 있다. 2층으로 지어졌다. 중국 영화에 나오는 전통 중국식 구조다. 국내에서 보기 힘든 구조다. 방도 수십 개가 있다. 지방문화재로 지정됐다. 건물의 역사는 짧지만, 구조의 특성이 높은 점수를 받았다. 고급스러운 손님이 많이 찾았다. 고급요리와 백짬뽕이 유명하다. 백짬뽕은 나가사끼 짬뽕과 비슷하다. 유산슬 등 고급요리를 개발했다. 한국인 입맛에 맞게 요리를 만들었다. 담백한 맛을 낸다.

'국제반점(國際飯店)'은 1970년대에 개업했다. 물짜장이 대표 음식이다. 색깔이 하얗다. 일본의 나가사끼 우동과 비슷하다. 물이 들어간 게 아니다. 해물 엑기스다. 국물처럼 보일 뿐이다. 중국향이 배어있다. 건물 내부도 중국식 분위기가 물씬 풍긴다. 영화 '타짜'의 촬영지로 유명세를 치렀다.

7
CHAPTER

군산,
일곱번째 이야기

옛 정이 살아있는
군산의 전통시장

전통시장은 삶의 현장이다. 왁자지껄하다.
여기저기서 큰 소리가 난다. 마치 싸우는 듯하다.
싸움이 아니다. 흥정하는 모습이다. 보기가 좋다. 재미가 있다.
정이 넘친다. 인심이 좋다. 덤을 듬뿍듬뿍 준다. 여유가 있다.
구경거리가 많다. 발걸음이 늦어진다. 시
간 가는 줄 모르게 된다. 전통시장의 매력이다.

군산의 전통시장은 역사가 깊다. 100년도 넘는다.
전통이 있다. 군산시민의 생활 공급원이었다.
정보도 공유됐다. 희로애락을 같이 했다.
7개 전통시장이 등록돼 있다.
시장마다 특색이 있다.
공통점이 있다. 군산시민의 동반자였다.

군산 최초의 전통시장
군산공설시장

군산 최초의 전통시장이다. 1918년 개장했다. 1929년 현재의 신영동으로 옮겨졌다. 6·25 전쟁으로 건물이 불타 없어졌다. 노점과 천막 시장으로 유지됐다. 1969년 새 건물을 짓고 입주했다. 입주 3일 만에 화재가 발생했다. 상인들의 울부짖는 소리가 여기저기서 들렸다. 1970년 군산시 자금 보조와 상인 부담으로 피해를 복구했다. 사연이 많은 시장이다.

'불난 곳이 장사가 잘 된다'는 말이 있다. '군산공설시장'은 손님이 들끓었다. 번성기 때는 발 디딜 틈이 없었다. 사람에 떠밀려 다닐 정도였다. 의류와 한약재가 유명했다. 특히 한약재 판매가 주류를 이뤘다. 지금도 한약재 가게가 있다. 잡곡·생선·정육 등 생활필수품도 팔고 있다. 여느 시장과 다를 바 없다.

전통에 걸맞게 옛것이 남아있다. 예전에는 대장간이 많았다. 현재는 한 곳이 남아있다. 2대째 운영하고 있다. 주문품만 제작 판매하고 있다. 간신히 명맥을 유지하는 현실이다. 전통의 군산공설시장도 변화하고 있다. 2012년 마트형 전통시장으로 탈바꿈했다. '경북의 화양시장'과 함께 시범 마트형 시장으로 바뀌었다. 정부의 지원이 뒤따랐다.

군산공설시장은 순대국밥이 유명하다. 시장 옆에 작은 실개천이 있었다. '째보선창'에서 내려오는 물줄기였다. 사람들은 실개천 주변을 '세느강변'이라 불렀다. 현재는 복개(覆蓋·하천 위를 콘크리트로 덮는 일)가 돼 볼 수 없다. 세느강변에 순대국밥 집이 성황을 이뤘다. 지금도 20여 가게가 영업하고 있다. 손님이 많다. 시민의 사랑을 받고 있다. 유명인도 많이 찾는다. 뜨뜻한 국물에 막걸리 한 잔을 곁들인다.

시장 부근에 '역전시장과 신영시장'이 형성됐다. 역전시장은 공설시장 입구인 역 부근에 있다. 공설시장에 입주하지 못한 상인들이 자리 잡았다. 노점 상태로 시작했다. 장사가 잘됐다. 지금도 잘된다. 역에서 공설시장 가는 길에 윤락가가 형성됐다. 일명 '대명동 화재사건'으로 폐쇄됐다. 20여 년 전에 벌어진 참사였다. 인신매매로 감금된 여성들이 화마에 사라졌다. 쇠창살에 갇혀 젊은 나이에 세상을 떠났다. 여러 명이 유명을 달리했다. 살려달라는 아우성만 남긴 채. 이 사건을 계기로 정부는 2004년 '성매매방지법'을 제정했다.

역전시장 옆에 새벽시장이 열렸다. 최초의 새벽시장이다. 새벽에 잠깐 장이 선다. 현재도 성황을 이룬다. 군산, 익산의 농민이 채소를 판매한다. 노점에서 팔고 있다. 신선한 채소를 값싸게 살 수 있다. 군산의 명물이다.

마트형으로 탈바꿈한 군산공설시장

한우 맛이 일품인
대야시장

상설 오일장(五日場)으로 유명하다. 1일과 6일에 장이 선다. 전국 10대 오일장 안에 들어간다. 장날이 되면 전국의 장사꾼이 몰려든다. 장날에는 북새통이 된다. 장사진(長蛇陣)을 이룬다. 잔치판이 벌어진다. 오일장이 서는 날에는 도로가 폐쇄된다. 상인과 고객의 편의를 위해서다. 외지에서 관광객이 많이 온다. 사진작가들도 나타난다. 옛 모습을 찍기 위해 분주하게 셔터를 누른다. '대야시장(大野市場)'은 옛 풍경을 느낄 수 있다. 평일에도 장은 열리고 있다.

대야시장은 한우촌을 형성하고 있다. 1970년대까지 우시장이 형성됐다. 가축시장으로 특성화를 보였다. 가축시장이 전성기를 누렸다. 현재도 대야 한우특화단지가 있다. 맛이 일품이다. '총체보리'를 먹여 키운 한우다. 사료용 보리를 따로 재배한다. 직접 도축한 한우를 내놓는다. 신선한 고기를 맛볼 수 있다. 고기가 부드럽다. 식감도 좋다. 값도 저렴하다. 가성비가 좋은 한우고기다. 주말이면 시끌벅적하다. 관광객도 몰려온다. 대야시장의 한우를 맛보기 위해 발품을 판다. 거리는 개의치 않는다. 군산 시내와 4km 떨어져 있다. 그래도 모여든다. 대야 한우의 맛을 잊지 못해서다. 가족 단위의 고객이 많다.
대야시장은 먹거리가 풍부하다. 주머니가 가벼워도 문제없다. 다른 먹거리가 기다린다. 장터국수 한 그릇에 배를 불린다. 구수한 육수에 푸짐한 국수. 보기만 해도 배가 부르다. 냄새부터 식욕을 불러일으킨다. 입맛이 돈다. 주위를 돌아보라. 예전에 즐겨 먹던 음식이 유혹한다. 비싸지도 않다.

또 다른 자랑이 있다. 채소와 묘목으로 손님을 끈다. 채소가 다양하다. 시골 노인들이 판다. 직접 재배한 채소를 갖고 나온다. 용돈 벌이를 위해 나온다. 채소 판 돈

대야시장

은 어디에 쓰일까. 손주 용돈으로 쓰인다. 노인들의 손주 사랑을 느낄 수 있다.
봄이면 '묘목 오일장'이 성황을 이룬다. 전국의 원예업자들이 모여든다. 활발하게 거래가 이뤄진다. 화분 시장도 인기다. 대야시장은 오일장의 정취를 느낄 수 있는 시장이다. 식도락가들을 유혹하는 곳이다.

명산시장

일제의 아픔이 서린
명산시장

일제의 아픔이 서려 있다. 시장에도 일제의 아픔이라니. 사연이 기막히다. 일제강점기 '명산시장(明山市場)' 옆에 기생학교가 있었다. 호남 최대 규모였다. 이후에 목포, 인천에도 생겼다. 명산시장은 유곽(遊廓) 거리에 생겼다. 유곽이 무엇인가. 성매매 영업을 하는 업소나 집결지를 말한다. 관계 당국의 공인을 받아서하게 된다. 일본의 '공창(公娼)제도'다. 일제는 조선에 진출하며 유곽과 공창제도를 도입했다. 일본의 제도를 조선에 이식시켰다. 유곽은 기생집의 뜻도 포함하고 있다. 일제강점기 명산시장 부근은 부유층이 살았다. 유곽(기생집)도 11곳이나 됐다. 일본인이 환락을 즐기는 곳이었다.

조선인의 삶은 어땠을까. 조선인은 무시를 당했다. 비탈길 쓰러져 가는 집에 살았다. 끼니를 챙기지 못해 굶주림에 허덕였다. 생계수단으로 재배한 채소를 내다 팔았다. 유곽고(기생집) 처마 밑에서 눈비를 맞아가며. 그렇게 자연적으로 발생한 곳이 명산시장이다. 시장에는 우물이 2개 있다. 월명산 자락 물줄기를 받았다. 일본인은 샘을 파서 사용했다. 조선인은 일본인에게 물을 팔았다. 배고픔을 달래기 위해 물장사를 했다. 물지게를 등에 걸러 멨다. 물동이를 머리에 얹었다. 일본인에게 고개를 숙여가며 팔아야 했다. 명산시장에 숨겨진 아픈 사연 중의 하나다. 명산시장은 일제강점기 '유곽고시장'으로 불렸다. 해방 후에도 그대로 사용했다. 정부에서 방침을 내렸다. 일본어 사용금지 정책을 펼쳤다. 명칭이 바뀌었다. 명산시장으로. 한이 서린 명칭을 떼어냈다. 아픔의 역사는 그대로 간직한 채.

명산시장은 1970년대에서 80년대까지 전성기를 이뤘다. 나무를 파는 시장으로 번성기를 누렸다. 90년대까지도 번창했다. 골목형 시장으로 시민의 발길이 잦았다. 박대, 조기 등 특산품이 불티나게 팔려나갔다. 명산시장의 전성기는 신시가지 조성과 함께 시들어 갔다. 고객의 발길이 끊어졌다. 지금은 침체해 쓸쓸함마저 준다. 40여 개의 상점이 옛 영광을 되찾으려 노력하고 있다. 소규모 시장이면서도 옛것을 유지하고 있다. 완전 재래식 방앗간만 3곳이다. 기름을 짜고 떡을 만든다. 고춧가루도 빻는다. 추석과 설날이면 손님이 줄을 선다. 시시콜콜 가정사를 얘기하며 기다린다. 지금은 사라져 가는 옛 모습을 볼 수 있다.

명산시장은 활성화를 위해 변신을 시도했다. 상인의 협조도 있었다. 2017년부터 시행했다. '명산 빛 고운 야시장'을 개설했다. 주말에 열린다. 오후 6시부터 11시까지 영업한다. 30개 포장마차가 환하게 불을 밝힌다. 먹거리 잔치가 벌어진다. 젊은이들이 즐겨 찾는다. 왁자지껄 큰 소리가 난다. 유쾌한 웃음소리도 퍼져 나간다. 시장에 활기가 돈다. 명산시장의 앞날을 보는 듯하다. 코로나19로 잠시 발길을 멈춘 것이 안타깝다. 명산시장은 역사적 가치가 있다. 일제강점기 '근대역사거리'에 속한 유일한 시장이다.

군산 최초의 수산물시장
수산물종합센터

과거에 풍요했던 시장이다. 화려했던 시절이 있었다. 물고기가 흘러넘쳤다. 산더미처럼 쌓였다. 처치가 곤란할 정도였다. 생선 썩는 냄새가 진동했다. 돈이 돌고 돌았다. 상인들 얼굴이 밝았다. 웃음꽃이 피었다. 여기저기서 돈 세는 모습을 볼 수 있었다. 보기만 해도 부자가 된 듯했다. 술잔 부딪치는 소리가 행진곡 같았다. 인심도 좋았다. 생선이 썩느니 퍼주는 게 편했다. 덤을 듬뿍듬뿍 줬다. 장바구니가 무거워졌다. 돌아가는 발걸음만은 가벼웠다. 누이 좋고 매부 좋은 격이었다. 군산 시민도 좋았다. 일자리가 많았다. 일손이 부족했다. 시장에 가서 다양한 일을 했다. 조개를 깠다. 새우껍질을 벗겼다. 품삯을 두둑이 받았다. 생활의 밑천이 됐다. 자녀 학비를 내줬다. 모두가 풍요를 만끽했다. 1980년대 수산물종합센터의 모습이었다.

80년대까지만 해도 군산 앞바다는 말 그대로 '고기 반 물 반'이었다. 군산 먹갈치·우럭·박대·조기·물메기·주꾸미 등 어종도 다양했다. 어획량이 어마어마했다. 1년 매출액이 8,000억 원 정도였다. 바다에서 건져 올린 황금이었다. 먹갈치는 주우러 다닐 정도였다.

그 많던 생선이 사라졌다. 새만금 건설과 함께 물고기들이 떠났다. 어족자원이 고갈됐다. 갯벌도 빛을 잃어갔다. 바지락·동조개 등 어패류가 없어졌다. 어민들이 군산을 떠났다. 전성기의 영화(榮華)를 뒤로 남겨 놓고 발걸음을 돌렸다. 번성기 때 군산엔 안강망 어선이 60척 정도 있었다. 현재는 2척이 남아있다. 명맥만 유지되는 현실이다. 바다의 삶터가 육지로 변했다.

군산에는 3대 어판장이 있었다. 동부·서부·째보어판장이다. 동부어판장은 먹갈치

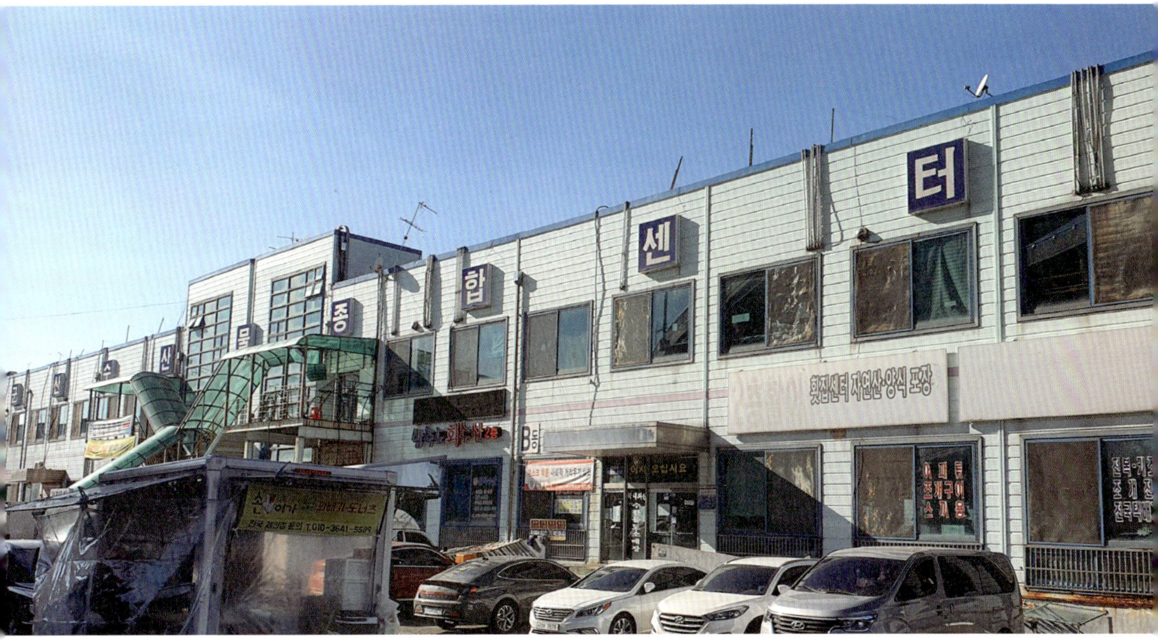
센
터
합
종
횟집센터 자연산·양식 포장
어서 오십시요

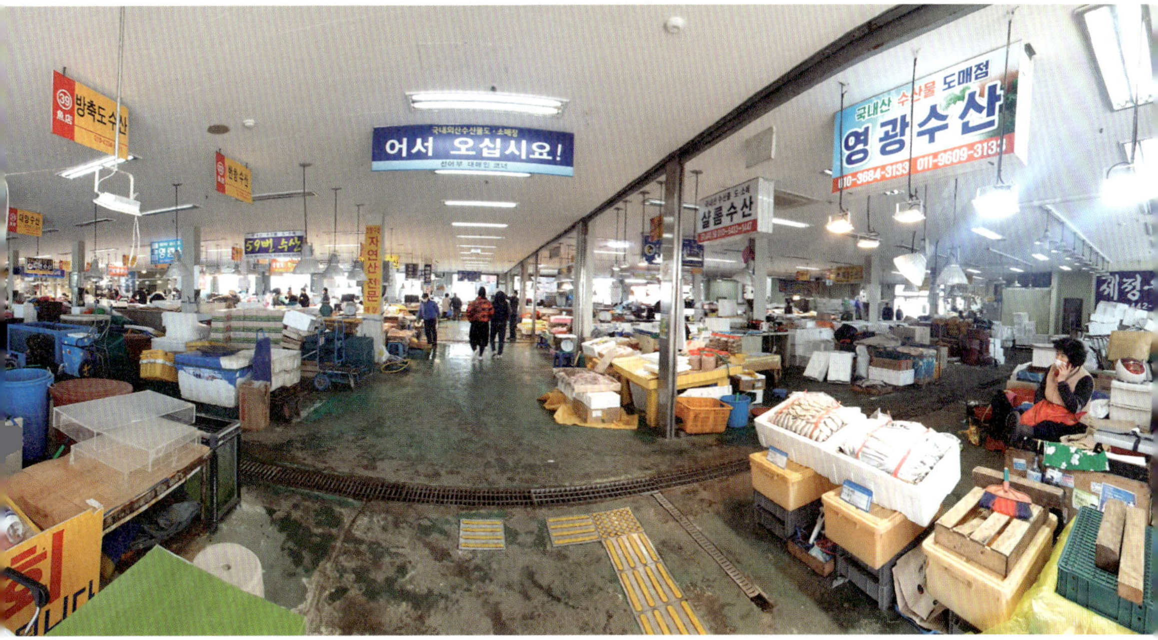
방축도수산
어서 오십시요!
국내산 수산물 도매점
영광수산
59번 수산
자연산전문
살롬수산

수산물종합센터

가 주요 품목이었다, 째보어판장은 건어물을 많이 팔았다. 서부어판장이 한 축을 이뤘다. 지금의 '수산물종합센터'다.

수산물종합센터는 수산특화시장이다. 군산개항 이후 최초로 생긴 수산물시장이다. 수산물 집하시장이다. 부산, 인천의 시장이 컸다. 군산에 3번째로 생겼다.

현재는 수산물종합센터만 남았다. 150여 점포가 영업하고 있다. 선어, 건어물을 판매한다. 서해 특산물인 주꾸미 등도 판매대에 오른다. 주로 외지인이 찾는다. 주말에는 장사진을 이룬다.

2021년엔 신축 건물을 완공한다. 군산에는 활어시장이 없다. 신축 건물 완공과 함께 활어도 공급할 계획이다. 군산의 특산물을 맛보게 할 예정이다. 한동안 자취를 감췄던 먹갈치가 나타났다. 2017년부터 잡히기 시작했다. 군산에서 만날 수 있는 맛 좋은 생선이다. 싼값으로 먹을 수 있다.

수산물종합센터는 새로운 모습으로 탈바꿈한다. 과거의 영광을 되찾으려 한다. 고객의 발길을 잡으려 한다. 군산의 명물시장으로 자리매김하려 한다. 군산의 새로운 명소가 될 전망이다.

8
CHAPTER

군산,
여덟번째 이야기

불굴의 투혼

군산의 스포츠

군산은 스포츠 스타의 산실(産室)이다.
수많은 선수가 군산에서 꿈을 키웠다.

국가대표선수도 많이 나왔다.
대한민국을 대표하고 군산의 명예를 높였다.
강한 승부욕으로 역전의 신화를 만들었다.
불굴의 투혼으로 명승부를 연출했다.

군산상고야구부 (사진=군산상고 제공)

군산시민은 열광했다. 경기가 열릴 때면 목이 터져라 응원했다. 우승하면 도시가 시끄러웠다. 모두가 얼싸안고 춤을 췄다. 생활의 고달픔을 모두 날려 보냈다.

군산의 선수들은 시민의 아들이고 딸이었다. 군산의 스포츠는 한국체육 발전의 밑거름이 됐다. 아쉬움이 있다. 과거의 영광이 퇴색했다. 하지만 희망도 있다. 과거의 영광을 찾으려 노력하고 있다.

역전의 명수
군산상고 야구부

1972년 7월 19일. '황금사자기 전국고교야구' 결승이 열렸다. 성동원두(城東原頭·서울동대문운동장)가 함성으로 뒤덮였다. 야구장이 무너질 듯했다. 무명의 지방 고교 야구팀이 사고를 쳤다. 기적의 9회 말 대역전승. 한국 야구사에 최고의 명승부로 기록되고 있다. 화제의 주인공은 '군산상고' 야구팀. 황금사자기 결승에서 명문 부산고를 꺾었다. 1-4로 뒤진 채 9회 말 마지막 공격에 들어갔다. 관중은 이미 자리를 떴다. 부산고의 우승은 불 보듯 뻔했다. 기적이 일어났다. 9회 말 공격에서 4점을 빼냈다. 군산상고의 역전 우승. 그날의 소름 돋친 승부는 오늘도 회자된다. 그날 우승 이후 군산상고 야구팀은 영원한 명칭을 얻었다. 역전의 명수.

당시 우승의 감격은 어땠을까. 군산 시내에서 우승 카퍼레이드를 했다. 7만 시민이 나왔다. 당시 군산 인구가 12만이었다. 군산의 열기를 짐작할 수 있다. 군산상고 우승은 전라북도 도민의 자랑거리가 됐다. 군산은 야구 변방의 도시에서 중심으로 우뚝 올라섰다.

군산상고는 이 대회 우승을 계기로 수많은 우승컵을 들어 올렸다. 우승과 준우승을 밥 먹듯이 했다. 1990년대까지 전성기를 달렸다. 80년대는 화려한 세월을 보냈다. 중심에는 조계현(현 KIA 타이거즈 단장)이 있었다. 조계현의 뒤를 이어 이광우·조규제 등이 뒤를 떠받쳤다. 군산상고 출신 선수들은 훗날 무적군단 '해태 타이거즈'의 주축멤버로 활약했다. 해태의 우승은 군산상고 출신의 활약이 컸다.

군산상고 야구부는 스타의 산실이다. 한국야구의 거목을 많이 배출했다. '72년 황금사자기' 우승의 주역 김봉연·김준환·김일권이 첫 테이프를 끊었다. 이후에도 스

군산상고 야구부 상장

타 출현은 계속됐다. 김성한·김용남·조계현·이광우·조규제·이진영·정대현 등이 뒤를 이었다. 이들 외에도 너무 많아 일일이 열거하기 어렵다. 현역으로 활약하는 선수도 군산상고의 전통을 이어가고 있다. 차우찬·원종현·김호령 등이 모교의 전통을 살리며 활약하고 있다.

은퇴한 선수들은 대부분 야구계를 떠났다. 각자의 생활 전선에서 열심히 살아가고 있다. 현재 야구계에서 활발히 활약하는 인물은 '조계현'이다. 조계현은 군산상고의 우승을 위해 자신의 팔을 망가뜨리며 역투를 했다. 1981년 고교 1학년 때 주전투수로 활약하며 '대통령배' 우승을 일궈냈다. 당시 구속이 151km까지 나왔다. 2학년 때는 '청룡기와 봉황대기' 우승을 차지하며 2관왕에 올랐다. 이때 활약으로 일본에서 열린 '한·일고교야구 친선대회'에 출전했다. 일본에서 역동적인 투구를 선보였다. 일본프로야구 관계자들의 눈을 휘둥그레 만들었다. 일본의 요미우리 자이언츠·한신 타이거즈·긴데쓰 버펄로스(현 소프트뱅크) 3팀 관계자들이 한국에 왔다. 조계현을 스카우트하기 위해. 일본팀들의 스카우트 제의에도 조계현은 갈 수가 없었다. 당시의 사정이 그랬다. 병역문제 등 여러 가지 상황이 불허했다. 이보다 더 큰 이유가 있었다. 조계현의 팔이 계속된 연투로 고장이 나 있었다. 조계현은 더 이상 강속구 투수가 아니었다. 일본프로야구에서는 버티기 힘든 상황이었다. 영리한 조계현은 변화구 투수로 변모했다. 다양한 변화구를 던졌다. '팔색조'라는 별명을 얻으며 프로에 적응했다. 조계현은 은퇴 후 지도자로 변신했다.

'2008 베이징올림픽' 때는 코치로 출전해 금메달을 따는 데 큰 역할을 했다. 조계현은 김기태 감독과 함께 친정 팀 KIA타이거즈에 돌아와 2017년 우승을 이룩했다. 수석코치로 팀 우승의 산파역을 했다. 우승한 뒤 KIA타이거즈는 조계현을 신임 단장으로 발령 냈다. 코치에서 단장으로 영전(榮轉·더 높은 직위로 옮김)시킨 파격 인사였다.

조계현은 지금도 한 해에 몇 차례 군산을 방문한다. 지인들과 군산야구의 활성방안을 논의하고 간다. 자신이 현장에 있을 때 힘닿는 대로 모교인 군산상고를 돕고 싶어 한다. 군산에 대한 애향심이 대단하다.

조계현 KIA타이거즈 단장

재기를 꿈꾸는
군산야구의 현주소

군산 야구는 침체기에 있다. 과거의 영광은 사라졌다. 우수선수들이 외지로 빠져나간다. 중학교 선수의 유출이 심하다. 수도권과 전주 등 다른 지역으로 빠져나간다. 잡을 방법이 없다. 한동안은 선수를 잡으려 무진 애를 썼다. 6~7년 전에는 선수구성이 어려울 정도였다. 이제는 굳이 잡으려 하지 않는다. 갈 사람은 보내주고 있다.

그래도 예전보다 사정이 좋아졌다. 시도 적극적 지원을 하고 있다. '문태환' 군산시 야구협회장은 유소년 야구 활성화로 눈을 돌렸다. 인재발굴에 힘쓰고 있다. 유망주들이 나오고 있다. 군산의 야구발전이 기대된다고 밝힌다. 다행스러운 일이다. 문태환 회장의 바람이 있다. 시민이 적극적인 관심을 쏟아주길 바라고 있다. 군산 야구의 영광 재현에 꼭 필요한 요소다.

군산의 야구 열기는 아직도 뜨겁다. 생활체육이 활성화되어 있다. 생활체육 야구팀이 38개나 된다. '공무원리그'에도 12개 팀이 있다. 소속선수가 1,700명이나 된다. 자체 리그 운영팀도 10개에 300명이나 된다. 생활체육으로 야구를 즐기는 동호인이 58개 팀에 2,000명에 이른다. 군산 인구는 27만여 명이다. 남자 인구는 13만여 명이다. 남자의 15% 이상이 야구를 즐기는 셈이다. 군산이 야구 도시라는 것을 증명해주는 대목이다.

채금석 옹의 혼이 살아있는
군산의 축구

군산의 축구는 '채금석' 옹(翁)의 혼이 살아있다. 한국축구의 대부 채금석이 정성으로 키웠다. 채금석은 오로지 축구만 생각하며 살았다. 고향 땅 군산의 축구발전을 위해 헌신했다. 군산제일중과 제일고 축구부 창단에 결정적 역할을 했다. 수많은 제자를 길러냈다. 이름만 들어도 쟁쟁한 선수들이다.

최재모·강철·유동춘·김이주·조덕제·조긍연·노수진·노상래 등 걸출한 스타플레이어다. 채금석의 제자들은 엄한 교육을 받았다. 술, 담배를 전혀 하지 말라고 가르쳤다. 선수로서 지켜야 할 자세가 남달랐다. 선수로서 지켜야 할 생활 자세가 몸에 배었다.

2014년 금석배 추모행사에 참여한 정몽규 회장 (사진=전북축구협회 제공)

최재모는 채금석의 지도에 힘입어 국가대표 선수로 성장했다. 1970년대 대표 팀의 든든한 수비수로 활약했다. 채금석의 1대 제자로 불렸다. 지도자로도 성공했다. 81년 군산제일고 축구부 창단 코치로 부임했다. 고향 축구발전에 힘을 쏟았다. 85년 전주대 감독으로 취임했다. 대학 축구의 강팀으로 성장시켰다. 2009년 63세의 젊은 나이에 세상을 떠났다. 암과의 싸움을 이기지 못해 유명을 달리했다. 사망 후 안구 기증으로 훈훈한 미담을 남겼다.

유동춘(전 경찰청 감독)은 5형제 축구선수로 유명하다. 채금석이 일찌감치 서울 한양공고로 전학 시켜 성장의 기틀을 마련해 줬다. 국가대표로 많은 활약을 했다. 동생인 동관·승우 등도 그라운드를 누볐다.

조덕제(전 부산 아이파크 감독)는 채금석의 교육을 잘 따른 축구인이다. 군산제일고 재학 때부터 성실함을 인정받았다. 조덕제는 채금식의 말을 그대로 실천에 옮겼다. 술을 멀리했다. 담배는 전혀 안 피운다. 술은 피치 못할 자리에서 한두 잔으로 끝냈다. 그것도 1년 중 손에 꼽을 정도다. 술자리는 되도록 멀리하고 있다.

노상래(전 전남 드래곤즈 감독)는 중거리 슛의 대명사로 명성을 떨쳤다. 오른발에서 나오는 강렬한 중거리 슛은 상대팀 골키퍼의 간담을 서늘하게 만들었다. 채금석에게 기본기를 착실히 배웠다. 군산제일고를 졸업했다. 성실함의 대명사였다. 온화한 성품으로 동료 선·후배 사이에서 인기가 좋다. 현재 울산 현대 축구팀에서 유소년 디렉터로 활약하고 있다. 군산에서는 '채금석배 전국 중·고교축구대회'가 열린다. 채금석을 기리기 위한 대회다. 전국의 강호들이 참가한다. 군산이 한국축구의 요람이라는 것을 증명해준다.

2018 채금석배 축구대회 고등부 경기 (사진=전북축구협회 제공)

2020 채금석배 축구대회 고등부 시상식 (사진=전북축구협회 제공)

저변확대에 힘쓰는
군산 축구의 현실

군산의 축구는 어려움을 겪고 있다. 선수가 감소하고 있다. 팀 수도 부족하다. 유소년 클럽이 3팀에 머물고 있다. U-15팀에는 32명이 뛰고 있다. 문제는 U-12팀이 없는 것이다. U-15팀에 선수를 공급할 허리가 없다. 군산 축구의 가장 큰 취약점이다. '군산축구협회'는 U-12팀 창단을 계획하고 있다. 이마저도 쉽지 않은 현실이다. 예산 부족이 따른다. 군산제일고에는 30여 명의 선수가 소속돼 있다. 군장대와 호원대가 팀을 운영하고 있다. 어린 선수들의 원활한 공급이 이뤄지지 않고 있다.

협회는 예산 부족에 시달리고 있다. 현대중공업 철수의 여파가 크다. 현대중공업은 매년 1억 원씩 협회에 지원을 해줬다. 자금줄이 끊겼다. 다행스럽게도 생활체육은 활성화돼 있다. 매주 일요일 2경기장에서 경기가 열린다. 연간 360경기를 치른다. 24개 팀이 참가한다. 여성동호회 1팀도 구성돼 있다. 25명의 여성이 축구의 묘미에 빠져 있다.

협회는 방과 후 수업을 통한 저변 확대에 노력하고 있다. 유소년 축구의 활성화가 군산 축구발전의 초석이 되기 때문이다. 동호회를 통한 축구 활성화에도 힘쓰고 있다.

국위 선양에 힘쓴
군산의 체육인들

군산의 체육인들은 국위 선양에도 앞섰다. 군산고 농구부가 있다. 야구와 축구보다 명성은 뒤처졌다. 스타플레이어는 많이 배출했다. 최부영, 최철권은 농구계에 알려진 형제 선수다. 최부영은 군산 출신이다. 고등학교는 서울에서 다녔다. 경희대 감독을 40여 년간 했다. 우승제조기로 이름을 날렸다.

동생인 최철권은 군산고 출신이다. 고려대를 졸업했다. '컴퓨터 슈터'로 이름을 날렸다. 농구 비공인 세계신기록을 갖고 있다. 1987년 전국체전에서 한 경기에 97점을 넣었다. 전북 선발로 출전해 부산 선발과의 경기에서 세운 기록이다. 군산고 농구부 출신으로는 이창수와 이영주도 있다. 이창수는 경희대로 진학한 뒤 국가대표로 활약했다. 이창수는 군산고 농구부 코치를 역임했다. 이영주는 군산고 졸업 후 홍익대로 진학했다. 홍익대 출신으로는 처음으로 국가대표에 선발되는 영광을 안았다. 이영주는 모교 군산고의 감독을 역임했다. 후배들 지도에 힘을 쏟았다.

올림픽 금메달의 주인공도 있다. 복싱의 김광선이다. '1988 서울올림픽' 복싱 플라이급에서 금메달을 땄다. 앞선 '1986 서울아시안게임'에서도 금메달을 획득했다. 저돌적 경기 운영으로 팬들의 사랑을 받았다. 예능 감각이 뛰어나 방송에도 출연해 입담을 뽐내고 있다.

양궁의 박성현도 군산의 딸이다. 월명여중 출신이다. '2004 그리스아테네 올림픽' 여자양궁 개인전과 단체전에서 금메달을 따 2관왕에 올랐다. '2008 베이징올림픽' 여자양궁 개인전에서도 금메달을 땄다. 한국여자양궁이 올림픽 6회 연속 우승을 이어가는 값진 금메달이었다. 개인적으로는 올림픽 2회 연속 금메달의 영광을 안았다.

박성현은 최초의 양궁 금메달 부부로 탄생했다. '2008 베이징올림픽' 남자단체전 금메달리스트 박경모와 부부의 연을 맺었다. 올림픽이 끝난 뒤 12월에 결혼식을 올렸다. 박경모도 '세계선수권대회'와 '올림픽 남자단체전'에서 금메달을 휩쓴 스타플레이어다. 이들은 SBS에서 양궁 부부 해설위원으로 활약하고 있다.

테니스의 전미라도 군산이 배출한 스타플레이어다. 영광여자 중·고를 졸업했다. 전미라는 '1994 윔블던주니어'에서 준우승을 차지했다. 세계가 놀랐다. 테니스의 변방인 한국 선수가 결승에 올랐다. 결승에서 '마르티나 힝기스'와 대결해 화제가 됐다. '1997 시칠리아유니버시아드대회' 혼합복식에서 금메달을 획득했다. 175cm의 훤칠한 신장은 국제무대에서 활약하기에 손색이 없었다. 뛰어난 미모로 팬들의 사랑을 한 몸에 받았다. '전미라 테니스 아카데미'를 운영하며 후진 양성에 힘을 쏟고 있다.

9
CHAPTER

군산,
아홉번째 이야기

대한민국에 우뚝 선
군산의 인물

군산에는 걸출한 인물이 많이 나왔다.
정치·스포츠·문학·대중예술 등 여러 분야에서 두각을 나타냈다.
이들은 군산 시민의 자부심을 키우는 데 큰 역할을 했다.
군산 출신이 아니지만 군산에 삶을 송두리째 받친 인물도 있다.
군산을 위해 살다 군산에 묻혔다.

항일의 정신으로 산 인물도 있다.
친일했다고 속죄한 사람도 있다.
그들의 삶을 알아본다.

한국의 슈바이처
이영춘 박사

호는 '쌍천(雙泉)'이다. 평안남도 출신이다. 1935년 군산에 정착했다. 1980년 생을 마감할 때까지 군산에서 살았다. 이곳 출신은 아니지만, 군산 사람이라 불린다. 45년을 군산에서 살았다. 오로지 군산을 위해 살다 숨을 거뒀다. 군산 사람보다 군산을 더 사랑했다. 군산 시민의 건강한 삶을 위해 노력했다. 세브란스 의전 출신이다. 국내 최초로 의학박사 학위를 취득했다. 인술을 몸소 실천한 진정한 의료인이었다. '한국의 슈바이처'로 불린다. 일생을 농촌 보건 사업에 헌신했다. 군산의 가난한 사람을 위해 모든 것을 내다 바쳤다.

이영춘 박사는 일본인 농장주 구마모토의 초빙으로 군산에 첫발을 내디뎠다. 1930년대에는 번듯한 의료시설이 없었다. 그 시절 농촌은 여러 질병이 나돌았다. 하루가 멀다 하고 사람이 죽었다. 구마모토 농장의 소작인들도 마찬가지였다. 구마모토는 자체진료소를 세웠다. 소작인의 치료와 예방을 위해. 진료소장으로 이영춘을 초빙했다. 이영춘의 나이 33세. 젊은 나이였다.

이영춘은 농촌의 참상에 할 말을 잃었다. 정말 열악했다. 말로 표현할 수 없었다. 이때부터 군산 의료발전을 위해 헌신했다. 가장 먼저 기생충 퇴치에 힘썼다. 폐결핵, 매독 퇴치에도 발 벗고 나섰다. 이영춘은 결핵, 매독, 기생충을 '민족의 3대 독(毒)'으로 규정했다. 이를 퇴치하기 위해 혼신의 힘을 쏟았다.

병만 치료해준 것이 아니다. 가난한 농민을 발 벗고 도왔다. 끼니를 굶는 집에 쌀을 대줬다. 학비를 대주며 교육을 받을 수 있도록 했다. 봉급을 털어서 도와줬다. 자신의 집에는 생활비가 떨어졌다. 부인이 수시로 전당포를 드나들었다. 부창부수

(夫唱婦隨)라 할까. 이영춘의 부인도 대단했다. 이영춘이 '한국의 슈바이처'라면 부인은 '한국의 나이팅게일'이다. 군산 시민의 아버지고 어머니었다. 하늘이 군산에 내려 준 선물이었다.

해방 후 구마모토는 일본으로 떠났다. 떠나면서 이영춘에게 수억 원의 돈을 건넸다. 고마웠다고. 더 고생하지 말라고. 번듯한 건물을 지어서 개업하라고. 부인과 함께 편히 살라고 부탁했다. 이영춘은 손끝 하나 안 댔다. 그 돈으로 재단을 설립

이영춘 가옥 내부전경

이영춘 동상

했다. 간호학교, 초·중·고, 위생실, 보육원 설립 등 공익사업에 모두 쏟아 부었다. 이영춘은 1980년 78세의 일기로 생을 마감했다. 수탈의 도시 군산에서 인술(仁術·사람을 살리는 어진 기술)을 베풀고 홀연히 떠났다. 군산 시민의 눈물 속에 영면에 들었다. 정부는 1980년 11월 '대한민국 국민훈장 무궁화장'을 추서했다.

축구만 사랑한
채금석

한국축구의 대부다. '고(故) 김용식' 씨와 함께 일제강점기 한국축구의 자존심을 살려 줬다. 조선인의 울분도 씻어줬다. 일본팀을 꺾으며 조선인에게 기쁨을 선사했다. 별명은 오토바이였다. 워낙 빨라서 붙여진 별명이다.

'채금석'은 군산 영명중학교에서 축구를 시작했다. 1925년 서울 경신(儆新)중학으로 전학했다. 경신중학에서 김용식과 함께 축구를 했다. 두 사람은 훗날 한국축구의 양대 산맥이 된다. 선수시절 두 사람은 하지 말아야 할 것을 약속했다. 술, 담배, 도박, 여자, 잡기였다. 두 사람 모두 죽을 때까지 이 약속을 굳게 지켰다. 현재까지도 모든 축구인의 표상이 되고 있다.

1928년 전조선축구대회에서 우승하고 기념촬영한 경신축구팀. 아랫줄 맨 우측이 채금석 선생이다. (사진=전북축구협회 제공)

채금석은 '광주학생항일운동' 때 일본 경찰을 때려 퇴학 처분을 받았다. 경신중학 4학년 때였다. 1985년 경신중학 개교 100주년에 명예 졸업장을 받았다. 김용식은 보성전문으로 진학해 국가대표선수와 감독을 역임했다. 채금석은 1933년 경평(서울·평양)전에 출전해 승리의 주역이 됐다. 김용식과 호흡을 맞추며 승리의 일등 공신이 됐다.

축구 천재 채금석은 해방 후 고향 군산으로 낙향했다. 축구에 대한 열정은 낙향 후에도 끊이지 않았다. 꾸준한 체력관리로 53세까지 전국체전에 출전했다. 전북 대표로 출전해 녹슬지 않은 기량을 뽐냈다. 채금석의 축구사랑은 후학양성으로 이어졌다. 군산의 초·중·고 선수들을 지도했다. 기본기 교육에 집중했다. 인성 함양을 위해 예절 교육도 빠뜨리지 않았다. 사비를 들여 선수를 지도했다. 유망주도 발굴했다. 재능 있는 선수는 서울로 진학시켰다. 이런 열정으로 국가대표선수도 많이 배출했다. 최재모·강철·유동춘· 노상래 등 여러 선수가 태극마크를 가슴에 달았다. 채금석은 1995년 12월 사망했다. 10년 전 먼저 세상을 떠난 절친한 벗 김용식 곁으로 갔다.

채금석과 김용식은 청교도처럼 살다 갔다. 친구와의 약속을 끝까지 지키며 살았다. 하늘에서도 채금석과 김용식은 축구를 하고 있을 것 같다. 일제의 억압에 맞섰던 항일의 정신을 되새기며.

군산에서는 1992년부터 '채금석배 전국중·고교축구대회'가 열리고 있다. 채금석의 공로를 기리기 위해서다. 국내 축구대회 중 개인의 이름을 따 열리는 대회는 채금석배 대회가 유일하다.

친일을 속죄한
채만식

친일작가로 평가받는다. 친일적 소설과 시를 썼다. 친일 강연도 했다. 친일 행위의 굴레에서 벗어나지 못하고 있다. 작품 평가를 제대로 받지 못하고 있다. '채만식'에게 친일 행위는 멍에로 남아있다. 1950년 6월 40대 중반에 폐결핵으로 일찍 세상을 떠났다. 6·25 전쟁이 터지기 전에 사망했다.

채만식 산생

친일의 후회였을까. 어쩌면 큰 고통이었을 수도 있다.
해방 후 '민족의 죄인'이라는 중편 소설을 발표했다. 자신의 친일 행위를 반성한 작품이다. 자신의 잘못을 처절히 뉘우치고 있다. 친일 행위를 스스로 인정한 최초의 작가다. 이런 반성으로 친일 작가 중에는 그나마 긍정적 평가를 받고 있다.

장편소설 탁류(濁流)는 채만식의 대표작으로 손꼽히고 있다. 1937년 조선일보에 연재했다. 1930년대 사회상과 하층민의 삶을 묘사했다. 금강을 배경으로 하고 있다. 일제강점기의 타락한 사회를 통속적으로 풀어냈다. 채만식은 탁류를 통해 희망의 메시지도 던졌다. '흐린 물이 지나가면 깨끗한 물이 온다'라는 암시로 희망을 주고 있다.

군산시에서는 2003년에 '채만식 문학상'을 제정했다. 매년 10월 5일 군산 시민의 날에 시상한다. '채만식 문학관'도 운영하고 있다. 채만식의 문학 업적을 기리기 위해 설립됐다.

국민에게 웃음을 주는
대중예술인

군산 출신 예술인은 다양한 분야에서 활약하고 있다.
빼어난 연기로 기쁨을 주고 있다. 재치 있는 입담으로 웃음을 선사하고 있다.
군산 출신 대중예술인들의 고향 사랑도 대단하다.

탤런트 '김수미'는 1971년 MBC 3기 공채 탤런트로 데뷔했다. 군산에서 초등학교를 다녔다. 군산의 노인들은 김수미가 해망동 산동네를 마구 뛰어다녔다고 회상한다. MBC 장수드라마 전원일기에서 일용엄마로 명성을 얻었다, 능청스러운 연기로 팬들의 사랑을 받았다. 현재도 예능프로에서 거침없는 발언으로 인기를 끌고 있다.

탤런트 '김성환'은 다재다능한 연기자다. 1970년 TBC 10기 공채 탤런트로 입사했다. 푸근한 인상으로 시청자에게 편안함을 주고 있다. 맛깔스러운 연기로 드라마에서 감초 역할을 톡톡히 하고 있다. MC로 나설 때는 구수한 입담으로 청중을 웃긴다. 라디오 진행자로도 청취자의 호응을 받았다. 노래 실력도 프로급이다. 자신의 앨범을 발매했을 정도다. 군산고등학교를 졸업했다.

개그우먼 '이경실'은 군산여고 출신이다. 1987년 '제1회 MBC 개그 콘테스트'에서 금상을 수상했다. 활달한 성격만큼 의리의 여전사로 통한다. 개그계의 군기반장으로 통한다. 드라마에서도 개그우먼 특유의 튀는 연기를 선보였다. 예능프로의 단골손님으로 초대받고 있다.

개그맨 '박명수'는 군산남초등학교를 다녔다. 중간에 서울로 전학을 했다. 특이한

캐릭터를 갖고 있다. 독설가 이미지가 크다. 실제로는 정이 많다. 의리가 있다. 자신의 스태프들을 알뜰히 챙긴다. 예능프로에서 많은 활약을 한다. 현재는 영역을 넓혀 라디오 진행자로도 활동하고 있다. 군산 시민 중에는 박명수를 기억하는 사람이 종종 있다. 어린 시절 정말 개구쟁이였다고 말한다. 논을 가로질러 뛰놀던 모습이 눈에 선하다고 한다.

모델 겸 영화배우 '진희경'은 군산 영광여자고등학교를 졸업했다. 군산대학교 음악과를 중퇴했다. 모델로 데뷔했다. 174cm의 큰 신장은 모델로 제격이다. 선이 굵고 개성 있는 얼굴은 영화배우로도 손색이 없다. 모델 출신 1세대 배우로 인정받고 있다.

영화배우 '송새벽'은 군산대학교 출신이다. 연극무대에서 연기력을 다졌다. 10여 년간 무명으로 지냈다. 2010년에 여러 영화에 출연해 명성을 쌓았다. 각종 시상식에서 신인남우상을 휩쓸었다. 송새벽의 연기는 과장됨 없이 자연스러워 팬들의 호응을 얻고 있다.

고인(故人)이 된 영화배우 '이은주'는 군산 토박이다. 초등학교부터 고등학교까지 군산에서 다녔다. 2005년 24세의 젊은 나이에 스스로 생을 마감했다. 영화계가 침울했다. 팬들도 넋을 잃었다. 정말 아까운 배우가 너무 일찍 떠났다. 영화계를 이끌어갈 재목으로 모두가 인정했다. 한국 최고의 여배우가 될 거라고 입을 모았다. 이은주는 천부적 끼를 타고났다. 일찍부터 연기의 차원이 달랐다. SBS드라마 '카이스트'를 통해 자신의 진가를 유감없이 발휘했다. 2004년 영화 '주홍글씨'와 SBS

드라마 '불새'에서 최고의 연기력으로 칭송을 받았다. 이은주의 짧지만, 불꽃같았던 전성기였다. 겉은 화려했지만 속은 공허했던 이은주. 그녀는 정신적 압박을 이기지 못하고 우울증으로 우리 곁을 떠났다. 군산의 모든 추억을 간직한 채 잠들었다.

10
CHAPTER

군산,
열번째 이야기

낮아서 정감이 가는

군산의 산

군산의 산은 정감이 간다.
높지 않다.
기껏해야 해발 200m가 조금 넘는다.
그보다 낮은 산도 있다.

군산에는 계곡이 없다. 산이 낮아서다.
부담 없이 오를 수 있다. 언제고 갈 수 있다. 등산 장비를 꼭 갖출 필요도 없다.
산책하듯 걸어도 된다. 쉬엄쉬엄 올라가면 된다.

장자도 전경 (사진= 박정훈 연구원 제공)

낮아도 산이다. 조심은 해야 한다.
정상에 서면 군산 시내가 보인다. 사방이 탁 트인다.
바다와 섬도 한눈에 들어온다. 전망대 역할을 한다. 군
산의 산은 조화롭다. 바다와 섬을 껴안는다.

군산의 상징
월명산

'월명산(月明山)'은 군산의 상징이다. 아주 낮은 산이다. 해발 101m밖에 안 된다. 언제 어디서나 쉽게 오를 수 있다. 월명·점방·설림·석치·장계산 등을 포함해 '월명공원'이라 한다. 월명산이 주산이다. 월명산은 군산 시민에게 친근하다. 엄마 품 같은 산이다. 월명산 등반으로 건강을 유지한다. 군산에 있는 학교 교가에 많이 등장한다. 사연도 많다. 신사가 있었다. '곤비라 신사'였다. 지금은 터만 남았다. 월명산 줄기에 '보국탑'이 있었다. 일본인 '모리기쿠 고로'가 1935년에 세웠다. 현재의 동국사 뒷산에 있었다. 1995년 일제잔재 청산의 목적으로 철거했다. 자신의 후손이 탑 아래서 영주하기를 기원한 내용이었다. 탑신은 '근대역사박물관'으로 옮겨 전시하고 있다.

월명사 밑에 터널이 있다. '해망굴(海望堀)'이다. 등록문화재로 지정돼 있다. 일제의 대표적 수탈 현장 가운데 하나다. 해망굴은 월명동에서 해망동으로 직접 가기 위해 뚫었다. 해망동의 수산물을 시내로 빨리 수송하기 위해 건설했다. 일본인의 편의를 위해서다. 월명동에는 일본인이 많이 살았다. 해망동은 어업으로 살아가는 우리 국민이 많았다. 해망굴을 뚫기 위해 수많은 노동자가 동원됐다. 모두가 우리 국민이었다.

해망굴은 6·25 전쟁의 상흔도 남아있다. 군산에 진주한 인민군의 지휘소로 사용됐다. 연합군은 인민군을 소탕하기 위해 비행기로 기총사격을 했다. 해망굴 입구에는 총탄 자국이 선명히 남아있다. 해망굴 옆 '흥천사(興天寺)'에도 슬픈 사연이 전해진다. 흥천사는 6·25 때 부상병을 치료하던 자리라고 한다. 치료받다 세상을 떠난 사람도 있다. 이들의 영혼을 위로하기 위해 흥천사를 지었다.

월명산 자락엔 월명호수가 있다. 산에 둘러싸여 있다. 호수를 포함해 월명공원이라 한다. 호수 안에 수위를 재는 측량시설이 있다. 등록문화재다.

월명산 (사진=매거진군산 제공)

고사리가 많은
망해산

고사리가 많은 산이다. 봄에 올라가 보라. 여기저기서 고사리가 고개를 내민다. 신선한 고사리가 숲을 이룬다. 이유가 있다. 최근 10년 동안 큰 산불이 2번이나 났다. 산불이 난 자리에는 고사리가 많이 돋는다.

잃는 것이 있으면 얻는 게 있다고 하던가. 나무가 불타니 고사리가 판을 친다. 결코 좋아할 일은 아니다. 고사리는 순이 벌어지기 전에 따야 한다.

봄이 되면 부녀자들이 모여든다. 일찌감치 모습을 나타낸다. 발걸음이 빠르다. 남들보다 일찍 가려고 분주히 움직인다. 이유는 한 가지다. 좋은 고사리를 따기 위함이다. 여인들의 자태가 아름답다. 가족의 건강을 위해 바삐 뛰는 모습이. '망해산(望海山)'은 건강한 식재료를 제공하고 있다. 군산 시민의 건강을 일부 책임지고

망해산 (사진=매거진군산 제공)

있다.

망해산은 군산에서 제일 높은 산이다. 해발 230m다. '취성산(鷲城山)'이라고도 부른다. 부처가 설법한 '영취산(靈鷲山)'과 닮았다 해서다. '봉화산(烽火山)'으로도 불린다. 정상에 봉화가 있었기 때문이다. 부처와 연결된 산이라 그런가. 사찰이 많다. 대부분 백제시대에 건립됐다.

특히 '불주사(佛住寺)'가 유명하다. 원래는 '불지사(佛智寺)'라 불렸다. 10여 년 전 불주사로 개칭했다. 백제 의자왕 때 창건됐다. 불주사에는 많은 문화재가 보존돼 있다. 대웅전은 전라북도 유형문화재로 지정돼 있다. 목조 관음보살 좌상과 목조 아미타여래 좌상도 유형문화재로 보호받고 있다. 또 다른 사찰 '상주사(上柱寺)'도 참배객이 자주 찾고 있다. 상주사가 불지사보다 규모는 크다.

레저스포츠의 명소
오성산

패러글라이딩의 명소다. 완주 '경각산(鯨角山)'과 함께 전북의 패러글라이딩 2대 명소로 꼽힌다. 패러글라이딩을 타고 하늘을 날아봐라. 신천지가 펼쳐진다. 금강 줄기가 발아래 놓인다. 충청남도 서천도 눈앞에 와 닿는다. 멀리 익산까지 한눈에 들어온다. 주말이면 동호회가 모여든다. 형형색색의 옷들이 가을 단풍을 무색하게 한다.

요즘은 드론 동호인이 많이 온다. 드론 띄우기에 적합한 장소로 소문이 났다. 장애물이 없어 최적의 장소다. 패러글라이딩과 드론. 왠지. 조합이 안 맞을 듯하다. 예상 밖이다. 찰떡궁합이다. 기계와 사람이 창공에서 멋진 조화를 이룬다. '오성산(五聖山)'은 레저스포츠의 명소로 자리 잡고 있다.

사진작가들도 자주 찾는다. 일몰을 찍기 위해서다. 오성산의 일몰은 명작의 산실이다. 주변이 뻥 뚫려있다. 가림막이 없다. 탁 트인 공간에 석양의 붉은 빛이 채색된다. 자연의 신비로움을 느낄 수 있다. 사진작가들은 이 순간을 놓치지 않으려고 안간힘을 쓴다. 혼을 담아 카메라 셔터를 누른다. 바닷가의 일몰과 또 다른 느낌을 준다.

오성산도 환경오염의 굴레에서 벗어나지 못하고 있다. 산 밑에 철새 조망대가 있었다. 3년 전에 폐쇄됐다. 조류인플루엔자 영향 때문이다. 병들어가는 지구의 모습을 볼 수 있다.

오성산 (사진=매거진군산 제공)

지금은 생태전시관으로 바뀌었다. 기후변화 교육관으로 탈바꿈했다. 씁쓸한 현실이다. 다시 철새 조망대 역할을 하길 바랄 뿐이다. 그런 날이 올지 모르겠다. 비관적인 생각이 든다. 안타깝다.

오성산은 걸어서 오르기 좋은 산이다. 해발 227m. 낮은 산이다. 정상까지 차도가 있다. 경사가 가파르다. 초행 운전은 위험하다. 굳이 차를 갖고 갈 필요가 없다. 차도 옆에 숲길이 있다. 울창한 숲이 햇빛을 가려준다. 삼림욕을 하며 걷는 게 좋다. 좋은 공기도 흠뻑 마실 수 있다.

고군산군도를 내려다보는
대각산

'고군산군도(古群山群島)'를 한눈에 보고 싶은가.
신시도(新侍島)에 있는 '대각산(大角山)'에 올라가라.
산 정상에 전망대도 있다. 등산객을 위한 배려다. 주변 전망이 좋다. 절경이다. 고군산군도가 그림처럼 펼쳐진다. 신시도의 작은 어촌이 평화로워 보인다. 바다 위에 떠 있는 배들이 쪽배처럼 느껴진다. 새만금 방조제도 한눈에 들어온다. 대각산에 오를 때 몽돌해수욕장을 따라 걸어봐라. 해안에서 대각산을 올려봐라. 낮은 산인데도 불구하고 높게 보인다. 해발 187m밖에 안 된다. 착시현상이 든다. 바다의 파도 소리와 산의 시원한 바람이 하모니를 이룬다.

대각산 (사진=매거진군산 제공)

오르는 길은 쉽지 않다. 험하고 가파르다. 밑바닥이 불편하다. 작은 돌로 이뤄졌다. 조심조심 걸어야 한다. 등산 도중에 뾰족한 바위가 나타난다. 바위끼리 내기를 한다. 누가 더 뾰족한지. 하늘을 향해 고개를 쳐든다. 뾰족 바위를 보고 있으면 바다에 온 듯하다. 바닷가의 주상절리로 착각하게 된다. 대각산은 섬에 있어 더 아름답다. 바다를 바라보고 있어 시원하다.

대각산이란 이름에는 두 가지의 유래가 있다. '큰 뿔처럼 생겼다'는 것과 '크게 깨달았다'는 두 가지 설이다. 아무래도 좋다. 큰 뜻을 품고 이 산에 올라 깨우치면 좋지 않겠는가. 구도자의 심정으로 대각산에 올라보라. 마음의 평안을 얻을 것이다.

호수를 둘러싼
청암산

산악자전거 타기에 딱 좋다. 산이 높지 않다. 해발 117m에 불과하다. 산악자전거 동호인이 많이 찾는다. 동호인들 사이에서는 꽤 알려져 있다. 산은 낮아도 경사진 곳이 있다. 동호인들은 자전거를 메고 간다. 거친 숨을 몰아쉬며. 얼굴이 붉게 타오른다. 땀이 범벅을 한다. 얼굴에는 웃음꽃이 활짝 핀다. '청암산(靑巖山)'의 매력에 흠뻑 빠진 모습이다.

청암산의 '오토캠핑장'은 유명하다. 널리 알려져 있다. 캠핑 마니아가 즐겨 찾는다. 매달 1,600여 명이 방문한다. 시설이 좋다. 잔디광장, 바닥분수 등이 갖춰져 있다. 캠핑장 가운데는 물놀이 시설이 있다. 어린이들이 좋아한다. 시간 가는 줄 모르고 뛰어논다. 덕분에 어른이 편히 쉴 수 있다. 일행과 담소를 나누며. 청암산 오토캠핑장은 가족 여행지로 인기를 끌고 있다.

청암산 (사진=매거진군산 제공)

청암산은 군산호수를 둘러싸고 있다. 군산에는 3대 호수가 있다. 월명·은파·군산호수다. 군산호수는 리아스식 해안처럼 생겼다. 호수가 구불구불하다. 군산의 자랑인 구불길의 한 코스를 담당하고 있다. 마음의 여유를 준다. 가족과 함께 걷기에 적합하다. 호수 주변에 '왕버드나무' 군락지가 있다. 생태 자연 학습장으로 손꼽힌다. 호수에 비추는 버드나무 그림자. 천혜의 경관이다. 한여름의 더위를 식혀준다. 지친 발걸음을 멈추게 한다. 달빛에 물든 호수는 많은 추억을 끌어낸다. 첫사랑 연인과의 산책도 생각나게 한다.

청암산의 구불길은 두 곳으로 갈 수 있다. 산과 호수로 갈라져 있다. 가는 길이 특이하다. 빠른 길은 산길이다. 호수 길은 돌아가기 때문이다.

청암산 뒤쪽에는 군산 옥구의 5개 성(姓)씨 사당이 있다. '입향조(入鄕祖·어떤 마을에 맨 처음 들어와 터를 잡은 조상)'의 묘도 있다. 군산의 5대 성씨는 고·두·문·강·전 씨(氏)다. 여기에 심·황·채·이 씨를 더해 9대 성씨라 한다. 군산에는 9개 성을 가진 사람이 많다. 군산은 아직 씨족사회의 흔적이 남아있다. 이런 청암산은 자녀의 교육을 위해서도 가볼만 하다.

11
CHAPTER

군산,
열한번째 이야기

삶을 닮은
군산의 구불길

삶은 구불구불 이어진다.
똑바로 가지 않는다. 정해진 길이 없다. 돌고 돌아가게 된다.
빨리도 가고 천천히도 간다. 앉았다 가고 눕기도 한다.

살다 보면 사연도 많아진다. 힘든 일도 있고 즐거운 일도 있다. 그렇게 살다 보면 깨우치게 된다. 어차피 한세상 왔다 가는 길. 급히 갈 필요가 없다고. 속 끓이며 살지 말라고. 아등바등 다투지 말라고. 구부러지게 살라고. 그래야 인생이 편하다고.

구불8길 선유도 해수욕장 전경 (사진= 박정훈 연구원 제공)

군산에 인생길을 알려주는 산책로가 있다. 이름이 '구불길'이다. 전국 대표 걷기 여행길이다. 2009년에 구불길이 시작됐다. 2013년에 8개 구불길이 완성됐다. 8개 구간 중 3개 구간에 테마 길이 추가됐다. 총길이가 188.9km에 이른다. 대부분 길이 5~6시간 걸어야 한다. 트래킹 코스로는 긴 편이다.

구불길의 뜻이 무엇인가. 구부러지고 수풀이 우거진 길이다. 여유, 자유, 풍요를 느낄 수 있다. 오랫동안 머무르고 싶은 이야기가 있다.

구불길은 구간마다 사연이 있다. 볼 게 많다. 즐길 것도 다양하다.

구불1길,
비단강길

이름부터 부드러움을 준다. 비단. 왠지 고급스러운 느낌이다. 금강호와 연결됐다. 금강호를 걸어봐라. 햇볕이 내리쬘 때 물결을 보았는가. 마치 비단(非但)처럼 보인다. '비단강길'이라 붙여진 이유다. 비단강길에는 전설과 역사가 숨어있다. 강물이 흐른 세월만큼이나 많은 이야기가 있다. 아주 먼 조상의 삶을 엿볼 수 있다. '나포십자들녘'에서 구석기시대 유물을 만날 수 있다. 고인돌도 만나게 된다. '오성산(五聖山)'의 전설도 들을 수 있다. 오성은 성인(聖人)의 이야기가 아니다. 당나라 장수에게 맞섰던 다섯 명의 시골 노인의 이야기다. 백제를 침범한 당나라 장수가 노인에게 물었다. 오성산에서 부여로 가는 길이 어디냐고. 노인들은 적군에게 길을 알려줄 수 없다고 거절했다. 당나라 장수는 다섯 노인의 목을 베었다. 후손들은 이들을 기리기 위해 이곳을 오성산이라 불렀다. 애국은 정치인이나 장수만 하는 것이 아니다. 평범한 국민이 더 많이 한다. 오성산은 애국심을 함양시키는 교육 현장이다.

이 길은 자연과 생태를 품고 있다. 수많은 새를 볼 수 있다. 호수가 있어 새들의 먹이가 풍부하다. 철새의 도래지로 유명하다. 철새 조망대가 있다. 조류학자들이 연구하려고 자주 찾는 곳이다. 관광 명소로도 자리 잡았다. 사진작가들의 촬영장소로 사랑받았다. 현재는 운영하지 않는다. 조류인플루엔자(AI) 전염을 막기 위해서다. 군산시의 1개의 과가 파견돼 관리했다. 지금은 1개의 계로 축소해 운영하고 있다. '금강호' 생태습지도 볼 수 있다. 자연의 모습을 그대로 간직하고 있다. 금강하구둑도 거닐 수 있다. '채만식문학관'도 방문객을 반긴다. 잠시 쉬었다 가기에 적합하다. 비단강길은 총거리 17.2km다. 소요 시간은 5시간 정도 걸린다. 군산역에서 출발해 공주산에서 끝난다.

구불1길-금강하구둑 (사진=군산시청 제공)

구불1길-성덕마을벽화 (사진=군산시청 제공)

구불2길-불주사 (사진=군산시청 제공)

구불2길,
햇빛길

풍요의 길이다. 공주산(公州山)에서 출발한다. 공주산은 이름부터 귀족스럽다. 공주의 태(胎·태아를 둘러싸고 있는 여러 조직)가 묻혀 있다고 전해진다. '나포십자' 들녘이 펼쳐진다. 광활한 지역이다. 쌀 생산지로 유명하다. 찰지고 질 좋은 쌀이 생산된다. 밥을 하면 윤기가 흐른다. 햇빛이 비치는 금강 물결같이 반짝인다. 나포십자 들녘은 금강을 끼고 있다. 수리시설도 잘돼 있다. 농사짓기 최적의 장소다. 나포십자 들녘도 일제 수탈의 현장이다. 일제강점기에 생산된 쌀을 모두 거둬갔다. 풍요의 '햇빛길'에도 수탈의 아픔이 있다. 불주사(佛住寺)를 보며 마음을 정갈히 할 수 있다. 부처님이 계신 것 같아 불주사라 지었다. 절의 이름부터 평안함을 준다. 고요함을 주고 있다.

구불2길-임피향교 (사진=군산시청 제공)

불주사를 지나면 2개의 산을 넘게 된다. '축성산과 망해산'이다. 등산로가 잘 갖춰져 있다. 불주사에서 축성산까지 임도(林道)로 이어진다. 산길을 걷게 된다. 호젓하게 걸을 수 있다. 새들이 지저귄다. 여기저기서 화음을 맞춰준다. 새들의 합창이 정겹다. 축성산과 망해산 사이를 걸어봐라. 또 다른 자연의 선물을 볼 것이다. 찬란한 빛의 세계를 보게 된다. 나무 사이로 비치는 햇빛이 신비롭다. 나뭇잎 사이로 숨었다 나타나곤 한다. 자연의 오묘함에 놀라게 된다.

자연의 선물을 받았는가. 인문학의 정취에 빠져보자. 교육의 길이다. 임피향교(臨陂鄕校)를 볼 수 있다. 잘 보존돼 있다. 조선 태종 3년에 창건됐다. 선조들의 위패를 모셨다. 유학의 가르침을 보여 준다. 채만식의 흔적도 느낄 수 있다. 채만식의 생가가 있었다. 지금은 볼 수 없다. 터만 휑하니 남아있다. 아쉬움에 발길을 돌리게 된다. 총거리 15.6km다. 5시간 정도 걷는다.

2-1길 테마길,
미소길

테마길이다. 햇빛길에서 갈라져 나온다. 옛 정취를 느낄 수 있다. 임피향교에서 시작된다. 좁은 산길을 걸어 나오면 빛바랜 건물이 있다. 임피역(臨陂驛)이다. 일제강점기인 1936년에 세워졌다. 호남지역 농산물 수탈의 교통로 역할을 했다. 사진작가가 많이 온다. 옛 모습을 간직한 임피역의 낭만을 찍기 위해. 임피역을 지나면 탑동마을이 나온다. 전설이 전해지는 마을이다. 탑동마을에 탑이 있다. 힘센 여자 장사가 탑을 들어 던졌다는 전설이 있다. 정말일까. 웃음이 절로 난다. 탑에 여자 손자국이 남아 있다. 테마길이라 해서 짧은 길이 아니다. 18.7km에 이른다.

구불2-1길-임피역 (사진=군산시청 제공)

구불2-1길-탑동3층석탑 (사진=군산시청 제공)

구불3길,
큰들길

풍요와 아픔을 동시에 갖춘 길이다. '너른들'을 걷게 된다. 너른들의 뜻이 무엇인가. 넓은 땅을 말한다. 너른들은 곧 큰 들이다. 풍요를 약속하는 땅이다. 큰들길에는 '대야들'이 펼쳐져 있다. 질 좋은 쌀이 대야들에서 생산된다. 황금빛 물결이 들녘을 수놓는다. 들녘의 농부는 풍년의 기쁨을 누린다. 지금의 풍요가 예전에는 수탈의 대상이었다. 대야들의 쌀이 일본으로 실려 나갔다. 군산항을 통해서.
'깐치멀마을'에서 출발하면 고봉산에 이른다. 지네를 닮았다 하여 '오공혈'이라 불리기도 한다.

구불3길-대야들 (사진=군산시청 제공)

'큰들길'에는 역사적 유물을 볼 수 있다. 고봉산을 지나면 채원병 고택을 볼 수 있다. 건축학적으로 의미 있는 건물이다. 1860년에 건축됐다. 전라북도 민속문화재다. 풍수지리설에 근거해 지어졌다. 집이 북향으로 자리 잡았다. 지세가 오공혈(蜈蚣穴:지네 굴)의 명당이라 풍수지리에 따라 북쪽으로 집을 배치했다. 생활의 불편

구불3길-발산리 석등 (사진=군산시청 제공)

함을 감수하고 살았다.

최호 장군의 유지(遺址·옛 자취가 남아 있는 자리)도 견학할 수 있다. 장군의 위패가 모셔진 사당이다. 장군은 임진왜란 때 공을 세웠다. 정유재란 때 칠천량 해전에서 전사했다. 장군의 유지는 성역화 사업에 따라 잘 조성돼 있다. 전라북도 기념물로 지정돼 후손들의 추앙을 받고 있다.

큰들길에서는 일제 수탈의 대표적 현장도 만날 수 있다. 발산리 유적지가 기다린다. 발산초등학교 안에 자리 잡고 있다. 곳곳에 수탈의 흔적이 남아 있다. 농장주 '시마타니'의 악행이 담겨 있다. 발산리 석등과 5층 석탑이 옛 모습을 간직한 채 서 있다. 시마타니가 불법으로 수집한 유물이다. 또 다른 석조물들이 자리를 지키고 있다. 유물을 보노라면 선조들의 아픔이 되살아난다. 가벼웠던 발걸음이 무겁게 느껴진다. 한동안 상념에 젖어 걷다 보면 왁자지껄한 소리가 들린다. 대야시장이다. 오일장으로 유명한 곳이다. 오래된 전통시장이다. 긴 역사만큼이나 볼거리도 많다. 먹거리도 풍부하다. 한우를 실컷 먹을 수 있다. 값도 저렴해 부담을 덜 수 있다. 국밥도 좋다. 선지해장국이 일미다. 가성비가 으뜸이다. 여행의 피로를 말끔히 씻어준다. 서수면에 한 곳 남아있다. 오가는 사람들이 줄을 서서 먹는다. 18.7km. 5시간의 등반길엔 여러 사연이 깔려있다.

구불4길-군산호수 생태습지 (사진=군산시청 제공)

구불4길 · 전북천리길,
구슬뫼길

자연이 살아있는 길이다. 자연생태탐방의 명소다. 전북 '천리길' 중 1곳이다. 전북천리길은 14개 시군 44개 노선이 선정돼 있다. 군산은 4곳이 천리길에 포함돼 있다. '구슬뫼길'은 살아있는 자연의 모습을 볼 수 있다.

구슬뫼길의 절경은 군산호수다. 군산호수는 여러 갈래 길이 나 있다. 가는 길마다 자연의 시원함을 느낄 수 있다. 청정 원시림을 보는 듯하다. 자연 원시림이 잘 보존돼 있다. 자연생태 숲이 신비감을 준다. 체험교육장으로도 활용되고 있다. '수변산책로'는 군산시민의 건강지킴이다. 주말이면 군산시민이 많이 걷는다. 시민의 쉼터로 사랑받는다. 외부인도 많이 모인다. 등산보다는 트래킹 코스로 주목받고 있다. 수변로를 걸으면 30분 정도 걸린다. 등산로는 2시간 정도 소요된다. 군산호수의 억새 숲은 가을의 정취를 흠뻑 느끼게 한다. 바람에 흔들리는 억새의 숨소리.

햇빛에 반짝이는 억새의 은빛 물결. 호수의 잔잔한 물결과 함께 낭만의 공간을 제공한다.

아름다운 군산호수도 아픔이 있다. 일제 수탈의 아픔을 간직하고 있다. 일제는 쌀을 수탈하기 위해 농업용수가 필요했다. 한마을을 수몰시켜 물 저장고를 만들었다. 지금의 군산호수다. 호수의 물은 해방이 되고 식수로 사용했다. 1960년대까지는 일반인 출입을 금지했다. 오랫동안 자연 그대로 남아있었다. 지금도 자연이 잘 보존되고 있어 다행이다.

'구슬뫼길'에서는 인술(仁術)과 문화의 현장도 만날 수 있다. 이영춘 박사. 한국의 슈바이처로 존경받는 분이다. 평생을 농촌 의료 활동에 몸 바치고 세상을 떠났다. 이 박사의 가옥이 바로 이길 안에 있다. 이영춘 가옥은 일제 강점기 건물 중 가장 보존이 잘 됐다. 특이한 건축 양식을 띄고 있다. 한식·양식·일식의 복합구조를 보여준다. 한국에 들어온 근대 주거문화 도입의 양식을 관찰할 수 있다.

'돌머리마을'의 벽화도 잔잔한 감동을 준다. 호젓한 시골길에 그려진 벽화. 색깔의 조화가 아름답다. 고요함 속에 감상하는 야외미술관 같다. 동화 속 마을 같은 분위기를 선사한다. 18.8km. 6시간 정도가 걸린다.

구불4길-이영춘가옥 (사진=군산시청 제공)

구불5길,
물빛길

호수와 토성(土城), 자연생태 습지가 어우러진 길이다. 군산호수와 '백석제'에서 때 묻지 않은 자연을 감상할 수 있다. 등산로 위주의 코스다. 백석은 희귀식물 군락지다. 왕버들이 군락을 이루고 있다. 멸종 위기 식물인 독미나리와 여러 희귀식물이 자생하고 있다. 수리부엉이와 새매 등 보호 조류도 살고 있다. 자연생태가 잘 유지되고 있다. 백석제에는 대형병원이 들어서려다 뜻을 이루지 못했다. 환경단체의 반대가 심했다. 군산시는 습지보호 구역 지정을 추진하고 있다. 시민 휴식처로 제공하기 위해서다. 시의 이런 정책 역시 주민의 반대로 난관에 부닥쳐있다. 재산권 침해가 된다며.

'옥구토성(沃溝土城)'은 과거로의 시간여행을 즐길 수 있다. 토성의 흔적만 남아있다. 세월의 무상함을 느낄 수 있다. 등산객은 토성 성곽을 지나며 소원을 빈다. 무병장수를 기원한다. 옥구토성을 지나면 광월산에 이른다. '물빛길'에는 3개의 산을 넘게 된다. 청암·금성·광월산이 등산객을 반긴다. 광월산을 거치면 아름다운 호수가 자태를 뽐낸다. 군산의 새로운 상징으로 떠오른 '은파호수공원'이다. 드넓은 호수에 비치는 햇살의 향연. 물결이 출렁일 때 햇빛도 덩달아 춤을 춘다. 자연과 인공이 빚어내는 조화로운 예술품이다. 수변로가 잘 꾸며져 있다. 은파호수공원에는 연꽃 자생지가 환한 미소로 방문객을 반긴다. 연꽃은 자비의 식물이다. 잎부터 뿌리까지 인간에게 제 몸을 양식으로 내 던진다. 진흙 속에서도 깨끗함을 간직한다. 세찬 빗줄기를 한데 모아 물방울로 승화시킨다. 넓은 잎으로 세상의 고뇌를 감싸 안는다. 연꽃 자생지는 방문객에게 일러준다. 세상을 포용하며 살라고. 희생하며 살라고. 나를 내 던지라고. 그리 살면 다툼이 없어진다고.

해가 진 뒤 은파호수공원에 빛의 향연이 펼쳐진다. '은파물빛다리'에 불빛이 반짝

구불5길-은파호수공원 (사진=군산시청 제공)

인다. 호수 위에 퍼져가는 불빛의 서사시. 황홀함에 넋을 잃는다. 등산의 피로를 순식간에 날려 보낸다.

'물빛길'은 전라북도 '천리길'에 포함됐다. 은파호수공원의 존재가 큰 역할을 했다. 은파호수공원에서 끝나는 18.4km의 물빛길. 은파호수공원의 황홀함과 함께 막을 내린다.

구불6길,
달밝음길

어디에 시선을 멈춰야 할까. 고민이 된다. 볼거리가 너무 많다. 근대역사의 아픔을 그대로 느낄 수 있다. 역사체험만 하는 것이 아니다. 등산의 즐거움도 함께 맛보게 된다. 예전 중·고교 시절 추억의 교복도 입어볼 수 있다. 군산역에서 출발한다. 출발하면 처음 만나는 역사의 현장. '구암3·1역사공원'이다. 군산은 항일의 도시다. 당하기만 하지 않았다. 구암교회에서 3·1운동 의거를 일으켰다. 한강 이남 최초의 3·1운동이다.

구불6길-월명공원 (사진=군산시청 제공)

3월 5일에 봉기했다. 군산에서는 '3·5만세운동'이라 한다. 역사적 운동을 기념하기 위해 만들어진 공원이다. 꼭 들러서 그날의 항일정신을 되새겨 봐야 한다.

공원을 지나면 낭만의 철길이 나온다. 경암동 철길이다. 군산의 관광명소로 널리 알려져 있다. 폐쇄된 철길에서 옛 추억을 되살리고 있다. 왁자지껄한 중년 남자들의 목소리. 까르르 웃어대는 아줌마들의 상쾌한 웃음. 그 옛날 고교 시절 교복이 웃음을 짓게 한다. 살진 몸에 교복이 안 맞는다. 교복에 몸을 맞춘 모습이 우스꽝스럽다. 비뚤어지게 쓴 모자. 폼을 내려던 예전 모습이 그대로 떠오른다. 그래도 한없이 즐겁다. 지나간 세월이 아쉬워서일까. 되돌아가고 싶어서일까. 속내는 모를 일이다.

경암동 철길의 낭만을 뒤로하고 떠나자. 아픔의 현장이 기다린다. 째보선창. 군산근대역사박물관. 옛 군산세관. 해망굴. 모두가 사연을 갖고 있다. 수탈의 아픔이다. 자세한 사연은 수탈의 현장, '아픔의 도시 군산'에서 자세히 알아보자. 그나마 '째보선창'은 낭만이라도 있었다. '진포해양공원'은 안보교육의 현장으로도 활용하고 있다. '진포'는 군산의 옛 이름이다.

아픔을 떨치고 '월명공원'에 올라보라. 군산내항을 다 바라볼 수 있다. 내항에서 바라보는 뜬다리. 아픔이 와 닿는다. 뜬다리를 통해 수탈당한 쌀이 일본으로 실려 갔다. 월명공원에는 '수시탑(守市塔)'이 있다. 군산을 수호해 달라는 염원을 담고 있다. 수탈의 아픔이 너무 커서 한이 맺혔나 보다. 군산은 이제 아픈 만큼 성숙했다. 두 번 다시 수탈의 역사는 없을 것이다.

월명공원을 거치면 야트막한 산들이 줄을 잇는다. 월명·점방·장계·설림·석치· 부곡산 등으로 이어져 있다. 점방산에는 봉수대가 있다. 수군에게 연락하는 역할을 했다. '달밝음길'을 걷다 보면 금강과 서해를 한눈에 넣을 수 있다. 월명호수의 정취도 맛볼 수 있다. 힘든 발걸음에 보답하는 자연의 배려다.

구불6-1길-신흥동일본식가옥

구불6-1길 · 전북천리길,
탁류길

테마가 있는 길이다. 문학·역사·영화의 스토리텔링을 체험하면 좋다. 여행의 보람을 얻을 수 있다. 군산 원도심을 중심으로 구성됐다. 채만식의 소설 '탁류(濁流)'의 배경지다. 일제강점기 남겨진 역사의 흔적을 찾을 수 있다. 선조들의 애환을 경험할 수 있다. 과거를 돌아보는 길이다. '일제근대문화거리'가 포함됐다. 월명동을 거닐 때면 관심을 가져라. 월명동은 바둑판처럼 도시계획이 잘 짜여 있다. 일본인이 오래 살리라 생각하고 건설했다.

영화 '8월의 크리스마스' 촬영장소였던 '초원사진관'도 있다. 사진 한 장 찍으며 추억을 되돌릴 수 있다. 6km의 도심길을 부담 없이 걸어라. 100분 정도만 발품을 팔아라. 문학과 역사, 영화의 현장을 체험할 수 있다.

구불7길,
신시도길

절경이 펼쳐지는 길이다. 8길 '고군산길'과 함께 많은 사랑을 받고 있다. 군산의 자랑 '고군산군도'의 풍경을 즐길 수 있다. '신시도(新侍島)'의 자랑 대각산에 올라보라. 고군산군도의 풍광을 한눈에 볼 수 있다. 대각산 전망대는 여행객을 위한 인간의 선물이다. 군산시가 만든 힐링의 장소다. 전망대에서 바라보는 고군산군도의 자태. 수려하다. 평온하다. 다툼이 없다. 인간세계가 아니다. 신선이 탐낼 만하다. 속세의 번거로움을 모두 떨쳐라. 티끌마저 털어버려라. 무념무상에 빠져 고군산군도를 바라만 보고 있어라. 당신이 곧 신선이다. 전망대로 가는 길도 감탄을 자아낸

신시도 전경 (사진=박정훈 연구원 제공)

다. 바닷길과 이어지는 등산로. 지루할 틈이 없다. 바닷길을 걸어가면 신시도의 매력에 흠뻑 빠진다.

'월영재'를 넘어 만나게 되는 월영봉. 단아한 여인의 쪽 찐 머리 같다. 가을에 걷게 되면 단풍에 취해 주저앉게 된다. 앉은뱅이 술을 마신 듯 취하게 된다. 우리는 말한다. 단풍이 울긋불긋하다고. 월영봉의 단풍은 어떤 색일까. 무어라 표현할 방법이 없다. 그저 넋 놓고 바라볼 수밖에 없다. 단풍의 참된 아름다움을 보고 싶은가. 월영봉의 가을 숲길을 걸어보라. 바닷바람에 정신을 차리면 자연의 소리가 들

무녀봉에서 바라본 몽돌해변 (사진= 박정훈 연구원 제공)

린다. 쏴악쏴악. 파도가 밀려온다. 하얀 포말(泡沫)을 내 뿜으며. 데굴데굴, 자갈이 나뒹군다. 파도에 몸을 씻기며. 파도와 자갈의 하모니. '몽돌해수욕장'이 손짓한다. 어서 오라고. 몽돌해수욕장의 자갈은 뾰족함이 없다. 모 난 곳이 없다. 둥글둥글하다. 인생의 풍파를 견뎌낸 할아버지의 굽은 등 같다. 잠시 상념에 잠겨 보라. 돌아가신 할아버지의 주름진 얼굴이 떠오를 게다. 홍시 한 개 손에 쥐고 손주를 기다리시던 할머니의 모습도 그리워질 것이다. 그리워지고 보고 싶으면 울어도 좋다. 우는 소리는 파도가 덮어줄 것이다. 흐르는 눈물은 파도의 물보라가 씻어줄 게다. 신시도의 몽돌해수욕장은 삶을 돌아보게 한다. 그리운 사람을 생각나게 한다. 석양이 비출 때면 더욱더 그러하다. 몽돌해수욕장의 석양을 놓치지 마라. 구불길을 모두 걸어도 헛걸음한 것이다. 삶과 풍광을 모두 놓치리라.

'신시도길'은 길이가 짧다. 12.3km다. 시간은 오래 걸린다. 5시간 정도 걸어야 한다. 길이 험해서일 수도 있다. 또 다른 이유도 있다. 삶의 무게가 내려앉아 있는 길이라 그럴 수 있다.

'구불7-1길'도 있다. 새만금길이다. 테마길이다. 외로운 길이다. 새만금방조제를 7시간 이상 걸어야 한다. 물만 보고 걷는다. 길이도 28km나 된다. 새만금을 좋아하는 사람이 걷는다. 세계 최장 방조제의 위용을 보며. 방조제 건설에 힘 쏟았던 우리의 저력을 느끼게 된다.

구불8길 · 전북천리길,
고군산길

가장 많은 사람이 걷는 길이다. 37.9km에 이른다. 구불길 가운데 가장 길다. 시간도 오래 걸린다. 9시간 30분은 족히 걸어야 한다. 그런데도 많은 사람이 찾는다. 이유가 있다.

'고군산군도(古群山群島)'의 여러 섬을 거쳐서 걷는다. 선유·대장·장자·무녀도를 두루 거친다. 발 닿는 곳마다 신비감을 준다. 많은 전설도 들을 수 있다. 선유도 해수욕장의 명사십리(明沙十里·고운모래가 끝없이 펼쳐진 바닷가) 모래를 밟을 수 있다. 유리알같이 맑은 모래가 여행객의 피로를 풀어준다. 보드라움으로 발을 감싸준다. 망주봉에 올라서면 선유도 부근 풍경을 감상할 수 있다. 망주봉은 신하의 충성심이 서린 바위다. 유배당한 신하가 한양을 바라보며 임금을 그리워했다고 한다. 두 개로 이루어진 큰 바위가 시선을 압도한다. 선유도의 일몰도 장관이다. 해질 무렵 선유도에 도착하면 환상의 일몰을 눈에 담을 수 있다.

'대장도(大長島)'에서는 등산도 즐길 수 있다. 장군봉에 오르면 고군산군도가 발아래 놓인다. 올라가는 길이 가파르다. 힘든 만큼 오르면 보람을 느끼게 된다. 사진찍기 최고의 장소로 알려져 있다. 할머니의 노여움이 담긴 '할매바위' 전설도 들어 볼 만 하다.

'무녀도(巫女島)'에서는 모세의 기적을 볼 수 있다. 바다가 갈라지는 신비로움을 체험할 수 있다. 물이 빠질 때 섬과 연결되는 육지가 나타난다. 바지락 캐는 아낙네의 모습에서 삶의 활력을 받게 된다. 해변에 설치된 데크는 바닷바람의 시원함을 배로 느끼게 해준다.

구불8길-선유도해수욕장 (사진=군산시청 제공)

'고군산길'은 천혜의 비경을 자랑한다. 비경만큼 중요한 게 있다. 체험을 즐길 수 있다. 보고 즐기는 여행에서 벗어날 수 있다. 몸으로 부딪치고 직접 느끼며 추억을 오래 간직할 수 있다.

EPILOGUE

군산,
이야기를 끝맺으며

글을 마치며

　1987년 12월 어느 날. 군산에 첫발을 내딛었다. 군산상고 야구부를 취재하기 위해서다. 도시는 조용했다. 낯 설었다. 군산에 관해 아는 지식이 없었다. 단지 야구명문 군산상고가 있다는 것뿐이었다. 물어물어 도착한 군산상고. 그라운드에는 선수들의 땀 냄새가 진동했다. 선수들의 거친 숨소리가 그라운드에 메아리 쳤다. 바닷가의 찬바람도 선수들의 열기에 고개 숙였다. 군산의 유일한 기억이었다. 바쁜 기자생활 속에 군산의 기억은 잊고 살았다.

　시간은 속절없이 흘렀다. 인생의 시계탑은 기다림이 없었다. 어느덧 30년이 훌쩍 지난 2019년 3월. 운명처럼 군산에 다시 내려갔다. 이번에는 야구취재가 아니었다. 군산의 아픔을 간직한 속살을 취재했다. 아주 단편적으로 군산을 소개했다. 일제강점기에 핍박받은 선조들의 생활상을 알게 됐다. 군산의 선조들은 일제의 수탈에 고단한 삶을 살았다. 군산의 아픔을 알고 머리가 하얘졌다. 취재하며 울분과 분노에 몸서리 쳤다. 구수한 사투리에는 질곡의 삶이 녹아 있었다. 군산사람들의 저항정신을 배웠다. 야생에 핀 민들레의 강인함을 느꼈다. 따뜻한 정에 흠뻑 빠졌다. 맛깔스러운 음식에 절로 웃음이 났다. 천혜의 자연을 돌아보며 마음의 평안을 찾았다. 고즈넉한 도시 분위기는 낭만의 쉼터를 제공했다. 군산사람들은 강했다. 아팠던 과거에 매달리지 않았다. 아픔을 웃음과 희망으로 승화시켰다. 진취적 기상에 희망을 엿보았다.

기사를 넘긴 뒤 곰곰이 생각했다. 한국근대사의 아픔이 남아있는 군산을 알리고 싶었다. 군산은 대한민국의 역사와 궤를 같이 하고 있다. 우리네 어머님들의 삶과 똑같다. 헌신과 고통을 감내하며 희망의 서곡을 울려주고 있다. 내친김에 군산의 과거와 현재 미래를 조명해 보기로 했다. 고통은 위장된 행복이라고 한다. 군산의 과거는 고통이었다. 현재는 역동적이다. 미래는 번영의 햇살이 내리쬘 것이다.

군산은 내게 정말 고마운 도시다. 지난 1년간 목적 있는 삶을 살게 해줬다. 군산을 알기위해 노력하는 시간을 제공해 줬다. 글을 쓸 때 행복감을 느끼게 해줬다. "늬들이 군산을 알아"는 필자의 2번 째 책이다. 처녀작 "늬들이 서울을 알아" 원고마감 이후 1년여 시간을 공들여 가며 집필했다. 아쉬움이 남는다. 군산의 매력을 다 알리지 못한 자책감이 든다. 아쉽지만 스스로 위안을 삼는다. 어차피 인생이란 아쉬움 속에 살아가는 거라고.

2021년 1월 이른 새벽 집필실에서
김병윤

'늬들이 군산을 알아' 발간에 도움 주신 분 (이하 가나다 順)
김시백(군산시 축제마케팅계장) 김영아(신시도 어촌체험마을 사무장) 김중규(근대역사박물관장) 문다혜(군산시 위생행정계장) 문태환(군산시야구협회장) 박양기(군산시민예술촌장) 박정훈(고군산군도활성화센터 연구원) 복태만(군산시 상인연합회장) 송성진(파라디소 대표) 오성렬(매거진 군산 주간) 윤연수(고군산 문화관광해설사) 원봉연(관광해설사) 이선우(군산시 먹거리정책과 주무관) 임동준(선유도에 물들다 대표) 조종안(오마이뉴스 기자) 채왕균(군산시 자원순환과장) 채효(군산시 공보담당관) 군산시 문화예술과

역사의 아픔을 간직한 지붕 없는 박물관
군산 이야기

늬들이 군산을 알아?

2021년 3월 1일 1판 1쇄 찍음
2021년 3월 1일 1판 1쇄 펴냄

저 자	김병윤
발행인	김지영
발행처	감미사
기 획	임종호
디자인	김혜진
사 진	김병윤·김지영
주 소	인천시 강화군 강화읍 대월로 248번길 7-4
출판사등록번호	제357-2021-000001호
연락처	서울사무소 02-2642-4021
ISBN	979-11-974002-0-9

ⓒ 감미사, 2021

본 콘텐츠의 저작권은 감미사 또는 제공처에 있으며 이를 무단 이용하는 경우 저작권법 등에 따라 법적책임을 질 수 있습니다.